Johannes Horn

Es ist Krieg

Politische Betrachtungen
zu Putin und der Ukraine

Gewidmet
dem Präsidenten Wolodymyr Selenskyi
und dem ukrainischen Volk

In inniger Freundschaft:

Prof. Dr. Fjodor Kostew
(Nationale medizinische Universität Odessa)

Prof. Dr. Wolodymyr Kowalenko
(Straschesko Institut für Kardiologie und
regenerative Medizin, Kiew)

*Der Krieg, wo er nicht erzwungene Selbst-
verteidigung, sondern ein toller Angriff auf
eine ruhige benachbarte Nation ist, ist ein
unmenschliches, ärger als tierisches Beginnen,
indem er nicht nur der Nation, die er angreift,
unschuldigerweise Mord und Verwüstung drohet,
sondern auch die Nation, die ihn führet, ebenso
unverdient und schrecklich hinopfert.*

Johann Gottfried Herder, 1793

tredition

© 2023 Johannes Horn

Verlagslabel: Edition J.H.
ISBN Softcover: 978-3-384-04246-0
ISBN E-Book: 978-3-384-04247-7

Druck und Distribution im Auftrag des Autors:
tredition GmbH, Heinz-Beusen-Stieg 5, 22926 Ahrensburg, Germany

Inhalt

Das Jahr 1991 bedeutete für die Sowjetunion das Ende, für die Ukraine den Beginn von Eigenständigkeit und Unabhängigkeit. Seit 1922 war die Ukraine Teil des sozialistisch kommunistischen Systems der UdSSR. Am 1. Dezember 1991 erklärte die Ukraine ihre Unabhängigkeit mit vertraglicher Bestätigung durch Russland.

Die Wirtschaft lag in jenen Tagen der erreichten Unabhängigkeit am Boden. Versorgungsprobleme führten zu Engpässen in allen Bereichen des gesellschaftlichen Lebens; die Nahrungsmittel waren knapp; besonders beklagenswert war die Situation im Gesundheitswesen, in den Kliniken, im Bereich der ambulanten und stationären Patientenversorgung. Die allgemeine Not war verständlich, musste doch in dieser Situation alles organisiert und neu durchdacht werden. Im Rahmen einer schon länger bestehenden Partnerschaft zwischen Kiew und München hatte der damalige Oberbürgermeister Georg Kronawitter ein Projekt „München für Kiew" ins Leben gerufen. Im Rahmen dieses Projektes wurde eine Hilfsaktion für zwei Kliniken in Kiew gestartet, deren Organisation und Durchführung von der Chirurgischen Abteilung des Krankenhauses München-Harlaching übernommen wurde. Mit einer deutschlandweiten Spenden- und Sammelaktion gelang es, eine Fülle medizinischer

Materialien und technischer Geräte im Wert von mehreren Millionen DM zusammenzutragen (Ultraschallgeräte, OP-Instrumente, Blutdruckmessgeräte, Decken, Verbandsmaterialien, Medikamente, Impfstoffe, Infusionen, Babynahrung u. a.). Der Transport erfolgte in drei gesonderten Aktionen, zunächst mit Hilfe einer russischen Maschine, später mit zwei Flugzeugen der Lufthansa.

In den Abendstunden des 10. Februar 1991 trafen wir bei frostigem Winterwetter in Kiew ein, auf dem Flughafen, weit draußen vor der Stadt. Eine Delegation des Kiewer Stadtrates holte uns ab. Auf einer langen, geraden Straße, an verschneiten Birkenwäldern vorbei fuhren wir mit einer Limousine schon sehr alter Bauart Richtung Kiew. Die Fahrt schien endlos bis schließlich die ersten Hochhäuser auftauchten. Immer dichter standen die hohen Plattenbauten, die in der beginnenden Dämmerung düster und befremdlich aussahen. Sozialistische Hochhäuser, gemeinhin als Plattenbauten errichtet, erkennt man allein schon an den mit allen möglichen Möbeln und Gerätschaften vollgestellten Balkonen, denn die Wohnungen dahinter sind klein und wenig geräumig. Diesen Anblick boten diese Hochhäuser damals überall, ob in der ehem. DDR, in Polen oder der Tschechoslowakei. Der Eindruck, in einer anderen Welt zu sein, wurde durch die Grauschattierungen der sich ausbreitenden Nacht noch verstärkt. Immerhin konnte man irgendwann die Kuppeln des Höhlenklosters in seinen Umrissen erkennen und so näherten wir uns dem eigentlichen Stadtkern. Vor einem mächtigen vielstöckigen Bürohaus in einer boulevardartigen, breiten Straße hielten wir an. Es war kalt, der Wind eisig, auf den Straßen lag Schnee. Die Menschen, dick eingehüllt in Mänteln und wärmende Kleidungsstücke, huschten schattenhaft und wortlos vorüber. Auf der anderen Straßenseite, am Ende einer aufsteigenden Treppe, ein steinernes Denkmal; vermutlich Lenin, genau zu erkennen war es an diesem Winterabend nicht; die Straßenlaternen verloren ihr Licht im Widerschein der verschneiten Straßen.

Die Räumlichkeiten des Bürohauses, in das wir geführt wurden, waren überdimensioniert groß, doch wenig einladend, mit dem einfachsten Mobiliar ausgestattet. Die Räume waren ungeheizt. Jedem unserer Begleiter wurde ein Zimmer zugeteilt mit Bett, Tisch, Stuhl, Waschbecken und dem Kommentar, man würde uns morgen um 8:00 Uhr wecken. Wegen der durchdringenden Kälte war an Schlaf kaum zu denken. Immer wieder stand ich auf, um mit Bewegung meinem Körper ein wenig wärmende Aufmerksamkeit zu geben. So war ich auch schon gegen 6:00 Uhr wach und blickte auf die unten vorbeiziehende Straße. Im Gegenlicht der in der Nachtbeleuchtung seltsam vereinsamten Schneeflächen sah ich neben einzelnen vorüberhuschenden Gestalten zwei in langen Reihen geduldig stehende Menschen vor schon geöffneten Geschäften. Es war eine seltsam bedrückende Stimmung, in der frostigen Kälte draußen so lange Schlangen geduldig wartender Menschen zu sehen auf der Suche nach dem Nötigsten für den Tag.

Nach dem Frühstück, eine Tasse schwarzer Kaffee, eine Scheibe Schwarzbrot, Butter und Speck, fuhren wir zum Krankenhaus 25. Auf holprigen Straßen mit tiefen Löchern fuhren wir durch die aus dem Schlaf erwachende Stadt und kamen schließlich vor einer Schranke zum Stehen. Ein schon älterer Mann trat aus einer seitlich stehenden Baracke und drückte das kurze Ende des Schlagbaumes nach unten. Die Ärzteschaft des Krankenhauses erwartete uns im Schreibzimmer des Chefarztes. An den Wänden eine Fülle von Zertifikaten in kyrillischer Schrift, in einer Glasvitrine Insignien ärztlicher Kunst (Bücher, Stethoskop und manch veraltetes Instrumentarium). Die Ärzte, Frauen und Männer, stellten sich in langen, weißen Gewändern und einer hygienischen Kopfbedeckung vor. Es folgte eine sehr freundliche Begrüßung durch den Chefarzt und die Betriebsrätin, die Dolmetscherin übersetzte. Es waren sehr glückliche Augenblicke. Wir wurden durchs Haus geführt, Behandlungsräume, OP-Säle, Patientenzimmer, sämtliche im Zustand der absoluten Renovierungsbedürftigkeit, die technischen Geräte veraltet, kaum noch gebrauchstauglich. Das Erscheinungsbild der Klinik machte uns betroffen, ja traurig und immer mehr waren wir überzeugt von der Notwendigkeit unserer Hilfsbemühungen. Wir halfen die inzwischen eingetroffenen Lastkraftwagen auszuladen, es waren alte sowjetische Militärfahrzeuge. Die Menschen waren von großer Freundlichkeit und liebenswerter Hilfsbereitschaft. Am Abend sagte man uns, dass für den nächsten Tag eine Stadtrundfahrt und am Abend ein Konzert in einem orthodoxen Kloster geplant sei.

Ein kleiner Bus holte uns am nächsten Morgen von unserem Quartier im Bürohaus an der breiten Straße ab. Die Stadt war erwacht; in verhaltener Lebendigkeit trotzte sie der winterlichen Kälte. Wir fuhren gar nicht weit, wenige Straßen entlang, bis der Bus vor einem großen Holzbau stehen blieb: Das Große Tor von Kiew. Ein gewaltiges Erinnern an den Schluss der vielfach gehörten Tondichtung „Bilder einer Ausstellung" von Modest Mussorgski. Endlich wurde das konkret, was bisher nur angedacht und aus dem Jenseits musikalischer Ferne immer wieder angeregt wurde. So also begann die Fahrt durch das winterliche Kiew. Und dann kam noch etwas, was der vergänglichen Zeit entrissen ist und wie ein Siegel der Kultur das reiche Innenleben von Kiew dauerhaft prägt: Das Sophien- und das St. Michaelskloster und etwas abseits das Höhlenkloster. Als ob die Seele Kiews in diesen großartigen und würdigen Gebäuden Gestalt angenommen und sich für die Ewigkeit eingerichtet hätte. Auf Schnee bedeckten Straßen, einen Weg suchend durch den unruhigen Verkehr fuhren wir weiter – nichts ahnend den Spuren der Geschichte folgend.

Etwas außerhalb der Stadt erreichten wir eine Schlucht innerhalb eines größeren Waldgebietes. Man klärte uns auf; es ist die Schlucht, in der die Deutschen an einem Tag über dreißigtausend Juden erschossen haben; es war der 29. September 1941. Auch das ist Kiew, eine in seiner Geschichte geschundene und verwundete Stadt. Das Herz scheint still zu stehen angesichts dieser unbegreiflichen Tragödie und der unvorstellbaren menschlichen Schuld. „Auch das ist Kiew", dieser Gedanke begleitete uns auf der weiteren Fahrt. Plötzlich machte der Fahrer Halt an einer alten, der Witterung preisgegebenen Steinmauer. Die Dolmetscherin, gleichzeitig unsere Stadtführerin, erzählte: „Hinter dieser Mauer befindet sich ein kleines Stadion. Deutsche Wehrmachtsangehörige forderten ukrainische Gefangene zu einem Fußballspiel heraus. Noch vor dem Spiel legten die Deutschen fest, dass die Ukrainer im Falle des Verlierens freigelassen, im Falle des Gewinnens aber unmittelbar nach dem Spiel erschossen werden würden. Das Spiel wurde gespielt; am Ende wurden die ukrainischen Gefangenen erschossen". Wir fuhren weiter durch die verwundeten Straßen Kiews. Überall an den Fassaden der durch das sozialistische System verarmten Häuser schien gequältes Blut zu kleben, menschliches Leid und immer wieder Schuld, erst Stalin und dann die Deutschen und jetzt wieder die Russen, Was kann ein Mensch, was eine Stadt ertragen, was aushalten?

Beim Rückzug der Deutschen 1941 zerstörte die deutsche Luftwaffe große Teile der Stadt; Hitler hatte den Befehl gegeben, Kiew auszulöschen. Millionen von Kiewer Bürger wurden auf langen Märschen nach Deutschland in die Zwangsarbeit gezwungen, die meisten von ihnen starben. Was Hitler nicht geschafft hat, ist heute das Ziel Putins. Doch gehen wir noch einmal zurück zu jener ersten Fahrt durch diese großartige Stadt. Mit vielen Ereignissen aus der Biographie Kiews konfrontierte uns die Dolmetscherin und gleichzeitige Stadtführerin Doch hinter den oft bedrückenden Beschreibungen entstand mehr und mehr ein Bild von den in dieser Stadt lebenden Menschen. Es entstand das Bild eines starken, wehrhaften, lebensgereiften, furchtlosen Menschen, fest im Glauben stehend, stets dem Leben zugewandt. Ein kurzes Jahrzehnt vor den teuflischen Umtrieben der Deutschen war es Stalin, der nicht nur Millionen von Toten zu verantworten hat (Holodomor und umfassende Erschießungskommandos), sondern auch durch unzählige Maßnahmen versuchte, die Geschichte der Ukraine und ihre Kultur ins Namenlose zu verdammen. Die russisch-ukrainische Geschichte ist die Geschichte von Kain und Abel. Doch die Geschichte geht weiter und es wird David sein, der schließlich obsiegt.

Am Abend, es hatte den ganzen Tag über geschneit, gingen wir die letzten Schritte zu Fuß durch einen Vorgarten ins Höhlenkloster. Die schneebeladenen Kuppeln im nächtlichen Widerschein einzelner Laternen vermittelten eine Stimmung von Innerlichkeit und vorbereitender Stille. Die Türen standen offen und schnell wurde unser Blick auf die Bildgestaltung des Inneren gelenkt. Von unzähligen Kerzen erleuchtet strahlten die ikonenhaften Wandbilder, unsere Gedanken völlig vereinnahmend, wie bildgewaltige Glaubensbekenntnisse. Es herrschte vollkommene Stille. In den vorbereiteten Stuhlreihen nahmen wir schweigend Platz. In diese erwartungsvollen Stille hinein begann der Chor zu singen. Gregorianische Gesänge. Man sah den Chor nicht, er klang von überall her und eindrucksvoll nahmen seine Klänge den Kontakt auf zu den zum Leben erweckten Wandmalereien. Alles wurde eins in seinem unbändigen Verkündigungswillen. Wir waren gerührt und betroffen. Schweigend und nachdenklich fuhren wir zurück in unser Quartier. Am nächsten Abend waren wir eingeladen zum gemeinsamen Abendessen in der Datscha des Klinikdirektors. Neben reichhaltig gedeckten Tischen und einer nicht enden wollenden Ermunterung, die Freundschaft zu besiegeln, lernten wir die Freundlichkeit und Offenheit zugewandter, fröhlicher Menschen kennen, die manch äußerem Mangel die Fülle eines belebenden inneren Reichtums entgegenzusetzen wussten.

Es vergingen 20 Jahre, in denen ich Kiew nicht sehen sollte. Inzwischen hatte die zweite Hälfte meines Berufslebens begonnen; ich befasste mich mit der Natur und insbesondere mit in der Natur vorkommenden Wirkstoffen, die in der Medizin Verwendung finden. Im Jahr 2011 wurde ich wissenschaftlicher Berater einer Firma, die sich mit pflanzlichen Wirkstoffen befasst und entsprechende Medikamente herstellt, mit Zulassungen ihrer Präparate in Deutschland, in Österreich und in der Ukraine. So kam es, dass ich in diesen Ländern unterwegs war, um in Vorträgen und Fortbildungsveranstaltungen die Bedeutung dieser Wirkstoffe wissenschaftlich zu untermauern. In der Ukraine, die intensiv um die moderne Medizinentwicklung und um eine Angleichung an westliche Standards bemüht war, entwickelten sich bei den immer häufiger werdenden Kontakten freundschaftliche Verbindungen mit Kollegen aus allen Fachbereichen der Medizin. So lernte ich Kollegen in Universitätskliniken und anderen medizinischen Einrichtungen kennen und über sie gewann ich und meine Begleiter Einblicke in die Buntheit des gesellschaftlichen Lebens in der Ukraine.

Die regelmäßigen Besuche in die Ukraine führten uns häufig nach Kiew, aber auch in vielen anderen Städten entstanden eine Vielzahl persönlicher Kontakte, ja freundschaftliche Beziehungen. Jede dieser Städte, die wir kennengelernt haben, hat einen sehr eigenen Charakter in Abhängigkeit von ihrer Entstehung und ihrer wirtschaftlichen und gesellschaftlichen Bedeutung. Das heutige Erscheinungsbild dieser Städte verglich ich unweigerlich mit jenen Eindrücken, die vor 20 Jahren bei meinen ersten Besuchen in Kiew entstanden sind. So erinnerte ich mich an die damaligen, in sozialistischen Stereotypien verarmten und wundgeriebenen Stadtbilder, an das schattenhaft verängstigte Dasein der Menschen, doch auch damals schon an den entschlossenen Willen, das Leben zu gewinnen und freundschaftlich die Hand zu reichen. Im Unterschied zu den damaligen Eindrücken erlebte ich jetzt ein völlig verändertes Land. Alles war nach vorn gerichtet, in eine Zukunft, die von Freiheit und Tatendrang gekennzeichnet ist, von Gestaltungswillen und dem festen Glauben an eine Gesellschaft, in der jeder eine Chance, jeder eine Möglichkeit hat, seine Lebensvorstellungen zu realisieren. Es ist eine frühlingshafte Aufbruchstimmung, durchdrungen von einer tiefen Überzeugung des Gelingens.

Ein Land, endlich in die Unabhängigkeit und in die Freiheit entlassen, ist auf dem Weg, bunt und stark zu sein und es entwickelte sich zu einem bunten und starken Land. Die Grundlage von allem war die Freiheit, die jedem Gedanken die Chance zu seiner Verwirklichung bot. Als einen tiefen Einschnitt in die nach vorn gerichtete Aufbruchstimmung erlebte die Ukraine die Annexion der Krim im Jahr 2014. Es war ein an Perfidie, Brutalität und Lüge nicht zu überbietender völkerrechtswidriger Vorgang. Der Westen reagierte mit wortreichem und lautstarkem Missfallen. Wenig später unterzeichnete die Bundesrepublik Deutschland den Vertrag zu Nord Stream 2. Doch damit endete nicht das abscheulich aggressive Verhalten Russlands gegenüber der Ukraine. Mit Unterstützung durch anonymisierte russische Soldaten, deren Existenz Putin lange bestritt, führten oppositionelle Gruppen einen lokalen Abnutzungskrieg in den östlichen Oblasten; mit erheblichen Verlusten auf beiden Seiten. Kurz vor Beginn dieser militärischen Auseinandersetzung besuchten wir die Stadt Donezk. Wir erlebten sie wie ein wirtschaftlich in voller Blüte stehendes Wintermärchen. Der Flughafen am Rande der Stadt war eben erst fertiggestellt worden; eine, lichte Stahl-Glas-Konstruktion – wenige Tage später erreichte sie das Kriegsgeschehen, es blieben nur noch Schutt und Trümmer, von menschlichen Opfern ganz zu schweigen. An den Außenmauern von St. Michael in Kiew vergrößerte sich täglich die Anzahl der photographischen Portraits im Osten gefallener ukrainischer Soldaten. Über viele Jahre sorgte Russland für den Fortgang dieser bestialischen Grausamkeiten im Osten. Die Ukraine aber beugte sich nicht.

In den anderen Städten, die wir regelmäßig besuchten, ging das Leben weiter, in Odessa, in Dnipro, in Charkiw, in Lemberg (Lwiw) und natürlich in Kiew. Was sind das für wunderbare Städte! In jeder von ihnen ist der Wille spürbar, das eigene Leben in das große Erfolgsvorhaben des aufstrebenden Landes zu stellen. An jeder Ecke entstanden kleine Geschäfte, Cafés und Startups mit erkennbarem Fleiß, mit Hingabe und Stolz.

Jede dieser Städte atmet auf ihre Weise den Geist einer großen und stolzen Vergangenheit und einer Zukunft voller Zusagen und Versprechen. Und jede dieser Städte hat ein eigenes Profil markanter Schönheiten, wie etwa in Odessa die Skulptur von Richelieu, dem ersten Bürgermeister der Stadt, oben an der Potemkin'schen Brücke mit Blick auf den Hafen, aufs Meer und in die Weite des Himmels. Oder in Charkiw, der ehemaligen Hauptstadt der Ukraine, mit seinen 30 Universitäten und Hochschulen, mit ihrer modernen Architektur. Um den größten Marktplatz Europas schlägt das Herz der Jugend mit Neugier und Lebenszuversicht. Oder in Kiew, wo man auf dem Dach des Hotels „Interkontinental" einen atemberaubenden Blick über ganz Kiew genießen kann. Gleich nebenan das Kloster St. Michael, einen Steinwurf entfernt das Außenministerium und die Polizeizentrale; etwas weiter weg das große, moderne Fußballstadion und drüben, jenseits des Dnjepr die unzähligen Hochhäuser der Stadt.

Ob Stadt oder Land, überall ist die Zukunft der Ukraine greifbar. Es ist ein Land, das mit großem Willen und beeindruckender Entschiedenheit dabei ist, Freiheit im Kontext demokratischer Werte zu leben und die Fülle neuer Errungenschaften konsequent in alle Bereiche des gesellschaftlichen Lebens einzubringen. Während sich ein solches Land bestens als Partner für eine friedliche Existenz, aber auch als Partner für eine wirtschaftliche und kulturelle Kooperation eignen würde, sieht Putin in der Ukraine eine existenzielle Bedrohung. Es bedrohen ihn die Freiheit und die aufblühende Wirtschaft. Aus der Sicht Putins wäre der Krieg schon gewonnen, wenn es ihm gelänge, die Ukraine komplett zu zerstören.

Putin hat in den vergangenen Jahrzehnten alle wirtschaftlichen Kapazitäten vorrangig zum Ausbau und der Entwicklung militärischer Technologien genutzt. Wirtschaft war für ihn nicht Wegbereiter für einen allgemeinen Wohlstand, für soziale Programme oder für kulturelle Gestaltungen. Kultur ist nicht seine Sache; die Interessen eines Geheimdienstlers beziehen sich auf Machtdemonstration und Intervention. Freiheit ist für ihn nicht nur ein Dorn im Auge, er macht sie zur existenzentscheidenden Grundsatzfrage. Eben das macht ihn gefährlich für die freie, westliche Welt. Wer gegen die Freiheit ist, der ignoriert das Leben, er tötet die Wahrheit. Der Westen sollte nicht aufhören, daran zu denken.

Anhand der zeitlichen Zuordnung der einzelnen Kapitel ergibt sich eine ungefähre Projektion auf die Chronologie des bisherigen Kriegsverlaufs und der sich daraus ergebenden Probleme. Jedes Kapitel ist geschrieben unter dem Eindruck der jeweils aktuellen Begebenheiten und ist dennoch der Versuch einer jeweils ganzheitlichen Betrachtung. Aus diesem Grund sind Wiederholungen bedauerlicherweise unumgänglich.

Danken möchte ich Herrn Norbert Krämer und Herrn Christian Molter für die Mithilfe bei der Entstehung dieses Buches, für ihre Beratung und ihre fachmännische Begleitung.

Mutlose Empörung

Politische Absichtserklärungen im Konjunktiv, wie verlässlich können sie sein? Der Indikativ gehört dem, der das Gesetz des Handelns innehat. China und Russland handeln, sie loten aus, was möglich ist. Wie weit der Konjunktiv des Westens, insbesondere Europas belastbar ist: Die Annexion der Krim, der Krieg im Donbas; die systemische Vereinnahmung von Hongkong. Von diesen Erfahrungen wird es abhängen, wie es in Taiwan, wie es in der Ukraine weitergeht. Europa erweist sich keineswegs als stabil – im Gegenteil: Der Zusammenhalt relativiert sich durch die Ansprüche und die Egoismen seiner Mitglieder. Europa handelt so oft im kläglichen Konjunktiv, wenn es überhaupt beabsichtigt, zu handeln. Europäische Empörung hat somit immer etwas Mutloses, etwas Unentschiedenes, etwas entschlossen Zaghaftes. Dies gilt insbesondere für sein außenpolitisches Selbstverständnis, für sein Erscheinungsbild im internationalen Geschehen.

Zwei politische Systeme stehen sich gegenüber: Die absolute Kontrolle im totalitären Machtanspruch auf der einen, das demokratische Prinzip der individuellen Freiheit, auf der anderen Seite. Im ersteren stehen Macht und Anspruch des Staatsapparates im Mittelpunkt, im letzteren das Wohl und die Würde des Menschen, jedes einzelnen Bürgers. Im Zentrum des ersteren steht der Wille, den Machtanspruch zu erhalten und zu verteidigen, ihn nach Möglichkeit auszuweiten. Im Mittelpunkt des letzteren steht die Freiheit als ein anerkanntes und respektiertes individuelles Gut. Der Zusammenhalt innerhalb der beiden Systems ist auf sehr unterschiedliche Art gewährleistet: Im ersteren durch eine unerbittliche und allgegenwärtige staatliche Kontrolle, im letzteren durch einen inneren Konsens hinsichtlich Mitverantwortung und Solidarität. Das erste System erscheint auf den ersten Blick stark, effektiv und jederzeit handlungsfähig, während das zweite angewiesen ist auf Meinungs- und Konsensbildung, auf das Zusammenwirken von oft widersprüchlichen Überzeugungen. Im ersten Fall ist es das Machtzentrum, welches mit eiserner Hand für Stabilität sorgt; im zweiten Fall sind es persönliche Überzeugungen und das Festhalten an Werten, die das demokratische Gefüge lebendig erhalten. Die Stabilität ist stets so groß wie die hinter den Werten stehende Überzeugung.

Die Demokratie lebt von der Wechselwirkung zwischen dem Einzelnen und der Gemeinschaft. Jeder Mensch hat eine Daseinsberechtigung und jeder Mensch hat zu Recht Ansprüche für die Umsetzung seines eigenen Lebensentwurfes. Jeder Mensch hat das Recht respektiert zu werden, vice versa hat jeder Mensch die Pflicht, seine Mitmenschen zu respektieren und sie zu achten. Jeder Mensch hat die gleichen Rechte und Pflichten.

Ansprüche, die jeder Mensch zur Geltung bringen kann, enden dort, wo das Recht des oder der Anderen beginnt. Das zwischenmenschliche Leben ist auf die Wahrnehmung dieser sensiblen Grenzbereiche hin ausgerichtet. In diesen Grenzen sichert die Demokratie das Lebens- und Existenzrecht eines jeden Einzelnen. Ohne Solidarität und eine gewisse Verzicht- und Opferbereitschaft ist Demokratie nicht vorstellbar und nicht praktikabel. Für den Einzelnen bedeutet dies, neben den eigenen Interessen stets das Ganze im Auge zu behalten. So lebt und profitiert der Einzelne von der Solidarität der Anderen und die Anderen leben und profitieren von der Verzicht- und Opferbereitschaft des Einzelnen. Die Hauptgefahr für das demokratische Gefüge lauert darin, die Gültigkeit dieser Grenzbereiche nicht mehr ernst zu nehmen, Grenzen zu missachten, Rechte zu missbrauchen und damit die Überzeugungen hinsichtlich der demokratischen Werte zu schwächen.

Ein totalitäres System wird immer bereit und entschlossen sein, seinen Machtanspruch zu verteidigen. Eine Demokratie handelt nicht primär nach macht- und geopolitischen Gesichtspunkten; ihrem Wesen nach lebt sie von der geteilten Überzeugung hinsichtlich der elementaren Bedeutung menschlicher Werte, wie Freiheit und Gerechtigkeit. Dadurch, dass das totalitäre System vorrangig machtpolitische Ziele im Auge hat, ist es bereit und fähig, Machtmittel auch gegen das Wohl des Menschen einzusetzen. Eine solche Politik geht über die Menschen hinweg. Das totalitäre System denkt in den Kategorien der Macht. Das demokratische System denkt und lebt in den Kategorien ideeller Werte. Um seine Macht zu verteidigen bzw. seinen Machtanspruch auszuweiten bedient sich das totalitäre System aller verfügbaren Machtmittel durch Anordnung und Verfügung von oben. Es rechtfertigt seine Maßnahmen und motiviert die Bürger über das Konstrukt der vermeintlichen Bedrohung. Auch in der Demokratie lauert Bedrohung, in der Regel nicht von außen, sondern von innen. Für die Gewährleistung der menschlichen Werte ist primär jeder Einzelne verantwortlich. Es geht um das Bewusstsein einer Existenz in der Gemeinschaft, die der Staat repräsentiert. Der Staat greift regelnd in das Leben ein; nie ist er im demokratischen Verständnis selbst das Leben! Auch der Staat ist gefragt, wenn es darum geht, die demokratischen Werte lebendig zu erhalten. Die eigentliche Verantwortung aber trägt der Einzelne, Wie weit reicht die Bereitschaft, in der Selbstverständlichkeit, das Angebot der Freiheit zu nutzen, für den Erhalt dieser Freiheit einzustehen und zum Erhalt dieser Freiheit Verzicht zu leisten oder gar Opfer zu bringen? Denn so, wie die alles kontrollierende Macht im totalitären System zu ihrem Erhalt alle Mittel der Verteidigung mobilisiert, stellt sich für eine Demokratie die Frage, was sie für wert erachtet, verteidigt zu werden. Könnte es aber sein, dass Wohlstand unseren Blick getrübt hat, dass Eigeninteressen dem Blick auf das Ganze im Wege stehen? Die Mitverantwortung scheint Risse zu bekommen. („Ich bin sehr dafür, Flüchtlinge aufzunehmen, doch bitte nicht hier!"; „Wir brauchen dringend grüne Energie, aber für die Windräder und die Nord-Süd-Trassen werden sich andere Orte finden lassen). Die Solidarität verliert im Freiheitsanspruch ihre gesellschaftspolitische Bedeutung („Ich werde mich nicht impfen lassen; ich habe das Recht, mich so zu entscheiden"). Unabhängig von der scheinbar sachlichen Begründung dieser Entscheidung, wird offensichtlich, dass sie abseits des gemeinschaftlichen Bewusstseins getroffen wurde. Und es sind andere Beispiele: Gedankenloses Geschäftsgebaren korrumpiert die Moral („Wenn wir die Lieferung von Waffen einstellen, verlieren wir tausende Arbeitsplätze"). Mit Sanktionen gegen Russland versucht der Westen, Russland von ihrem möglichen Vorhaben, in die Ukraine einzumarschieren abzuhalten. Mit Solidaritätsbekundungen zeigt der Westen Mitgefühl und verspricht der ukrainischen Bevölkerung ideellen Beistand. Eine Möglichkeit wäre, Russland vom internationalen Netzwerk (Swift) auszuschließen. Auf die Frage, was das für Russland bedeuten würde, antwortet ein renommierter Wirtschaftsfachmann: „Es wäre so, als würden Sie über Russland eine Atombombe zünden". Mehr als 100 000 Soldaten und mörderisches Kriegsgerät stehen unmittelbar an der ukrainischen Grenze. Der

Westen hätte demnach eine Möglichkeit, dem Einmarsch hohe Hürden entgegenzusetzen. Es gibt nun nicht wenig deutsche Firmen, für die der Profit Vorrang hat vor allen Überlegungen der Hilfe und der Solidarität; sie ignorieren die Sanktionen und unterlaufen sie. In der Ukraine droht ein Krieg; so manche Firma befürchtet einen Schaden für die deutsche Wirtschaft für den Fall von Wirtschaftssanktionen. So viel zur Opferbereitschaft in unserer Demokratie. Eine Demokratie ist so stark wie ihr Glaube an die Werte, von denen sie lebt.

Doch diesen Werten droht Gefahr, eine schleichende Gefahr von innen, eine destruktive von außen. Von innen droht der Demokratie dadurch Gefahr, dass die Werte, die ihr Wesen bedeuten nicht mehr als Werte wahrgenommen werden und im selbstverständlichen Gebrauch ihre Bedeutung verlieren. Demokratie lebt von einem wachsamen, sich stets erneuernden Bewusstsein. Um dies zu erreichen, ist Bildung erforderlich. Die Gefahr von außen resultiert aus einer mitunter kriegerischen Auseinandersetzung mit einem autokratischen Staat. Will sich Europa die Kultur demokratischer Freizügigkeit und zugesicherter Menschenrechte dauerhaft bewahren, dann muss es sich beider Gefahren bewusst sein und sich entsprechend darauf einstellen. Dazu gehören: Konsequentes Respektieren der Rechtsstaatlichkeit in allen beteiligten Staaten, Vermeidung sozialer Spannungen zur Vorbeugung entstehender Bildungsdefizite, Vermeidung wirtschaftlicher Abhängigkeiten insbesondere von autoritären Staaten, wirtschaftliche Solidität innerhalb der einzelnen Staaten mit der Bereitschaft zur Solidarität sowie eine funktionierende militärische Kooperation. In der Gewährleistung dieser Voraussetzungen zeigt Europa Schwächen, die immer wieder daran hindern, eigene, weltpolitische Positionen einzunehmen. Es muss international deutlich werden, dass von Europa eine Kraft ausgeht, die auf Werten basiert, die eine allerhöchste Stufe menschlicher Kultur hervorbringt und mit einer Überzeugung einhergeht, die sich gegenüber zerstörerischen Kräften welcher Art auch immer zu erwehren weiß. Europa, als ein Bündnis der Freiheit, ist für jeden Freiheitsliebenden ein Angebot; es realisiert den Gedanken der friedlichen Koexistenz, was bedeutet, dass von ihm keine vereinnahmenden Tendenzen ausgehen. Nachdem die Freiheit als das wertvollste Attribut des Menschen gelten kann, wird verständlich, dass die Verteidigungsbereitschaft hinsichtlich dieser höchsten Wertigkeit entsprechend hoch sein muss. In diesem Zusammenhang sind Europa allerdings wesentliche Defizite zu attestieren.

Putin

Was wird aus einem Menschen, der als Geheimdienstoffizier über viele Jahre in verantwortlicher Stellung tätig war? Der prägende Einfluss beruflicher Tätigkeit auf die Persönlichkeit eines Menschen ist ebenso evident wie die Auswirkungen markanter Persönlichkeitsmerkmale auf die berufliche Tätigkeit. Demzufolge setzt die am Anfang gestellte Frage die Kenntnis der jeweiligen Person voraus. Ohne diese Kenntnis kann es nur darum gehen, spezifische Charakteristika der Geheimdiensttätigkeit herauszuarbeiten, die geeignet sind, die Verhaltensweisen eines Menschen zu beeinflussen. Das Charakteristische jeder Geheimdiensttätigkeit markiert bereits der Begriff „geheim“. Alles, was geschieht, geschieht im Verborgenen. Der Begriff „geheim“ trennt die Welt in zwei Bereiche, einen Inneren, von außen nicht einsehbar und nicht verstehbar und in einen Äußeren; er existiert real und ist für jedermann zugänglich. Die Tätigkeit im Inneren dieses etablierten Systems besteht zuallererst darin, ein jeweils genaues und aktuelles Bild vom Außen zu haben, alles, was im Außen vor sich geht zu erkennen und zu analysieren. Die Mittel, die für diese analysierende und entlarvende Tätigkeit zur Verfügung stehen, überschreiten gewöhnlich die im Äußeren geltenden Regeln. Es wird eine distanzlose Nähe zu allem und jedem angestrebt, denn grundsätzlich steht alles unter Verdacht und so ist das Misstrauen wesentlicher Betreiber einer jeden Aktivität. Der zweite Begriff, der die Tätigkeit des Geheimdienstes prägt, ist das Beiwort „Dienst". Nicht nur, dass man im Auftrag handelt; jedes Handeln ist per se legal, gleichsam fremdverantwortet, von oben gewollt; es geschieht im Dienst, im Auftrag einer übergeordneten Stelle. Demzufolge erübrigen sich Fragen nach richtig oder falsch, nach vertretbar oder unerlaubt; es zählt allein der Erfolg. Neben dem Misstrauen, das dieser Tätigkeit immanent ist, vermittelt diese Tätigkeit ein scheinbar gerechtfertigtes Gefühl von entkoppelter Freiheit, von einer unangreifbaren Selbstsicherheit, von einer selbsterklärenden Überlegenheit.

Wie sich jedoch die Geheimdiensttätigkeit im Einzelnen gestaltet, hängt ganz wesentlich vom staatlichen System ab, in dessen Auftrag er tätig ist. In einer Demokratie gibt es keine rechtsfreien Räume, so dass die Regeln im Inneren des Systems nicht andere sind als die in der außen gelebten Realität. Diese Übereinstimmung vom Außen und Innen bedingt im politischen Alltag eine verlässliche Kongruenz zwischen Regierungsverantwortung und geheimdienstlicher Tätigkeit, zumal dem Parlament eine Kontroll- und Aufsichtsfunktion zukommt. Völlig anders verhält es sich in totalitären Staaten. Der Geheimdienst ist Organ einer zentralistischen Regierung und somit aktiver und eben geheim agierender Teil ihres Handlungsspektrums im In- und Ausland. Ziel eines solchen Geheimdienstes ist nicht nur Wahrnehmung sondern Interaktion und Beeinflussung. Die Lage in der äußeren Welt wird akribisch analysiert zumal in einem totalitären Staat das Gefühl des ständigen Bedroht-Seins charakteristischerweise existent ist. Das Bild der Außenwelt entspricht demnach nie dem Wunschbild von Regierung und Geheimdienst; immer fühlt man sich unverstanden, bedroht oder angegriffen. Die gefühlte Differenz von Bild und Wunschbild bewirkt ein ständiges Misstrauen und fördert die Anstrengungen, das Bild dem Wunschbild anzugleichen. In diesem Grenzbereich von Bild und Wunschbild entsteht das Machwerk von Täuschung und Lüge. Dem Wesen geheimdienstlicher Tätigkeit entsprechend wird dieses Machwerk zur Methode perfektioniert. Anfangs werden Dossiers mit gefälschten Inhalten oder falschen Behauptungen in die Welt geschickt, an Regierungen, wissenschaftliche Institute oder Medienportale, dorthin, wo die Hoffnung besteht, dass durch öffentliche Dementi, lautstarke Zurückweisungen oder empörte Richtigstellungen den Täuschungen und Lügen die erhoffte Aufmerksamkeit zuteilwürde. Ob falsch oder nicht; immer bleibt etwas hängen, gleichsam als Hinterlassenschaft der Lüge. Es waren mühevolle geheimdienstliche Arbeiten, die nur mit profunden Detailkenntnissen und handwerklicher Raffinesse – etwa mit Gummihandschuhen – zu erledigen waren, um geheim zu

bleiben und keine Fingerabdrücke zu hinterlassen.
Es entsprach der Dienstordnung, dass KGB-Offi-
ziere einen Großteil der Dienstzeit mit solchen Aufgaben zu verbringen hatten. Wirkung nach draußen zu erzeugen, bedeutete jedoch auch, vor allem
in autoritären Systemen, Angst zu erzeugen. Angst
als Wegbereiter jeder obstruktiven Verwaltung und
jeder machtpolitischen Durchsetzung.

Wladimir Putin war von 1985 bis 1990 Offizier
des KGB in der DDR (Dresden). In dieser Zeit gab
man ihm den Beinamen „Giftzwerg". Im Laufe der
Jahre 1989 und 1991 waren es einschneidende politische Ereignisse, die bei Putin einen jeweils nach-
haltigen Eindruck hinterlassen haben. Am 14. Juni
1989 wurden demonstrierende Studenten auf dem
Tian'anmen Platz (Platz des himmlischen Friedens)
in Peking martialisch niedergemacht. „Machterhalt
durch Stärke", ein Engramm, das sich bei Putin blei-
bend eingeprägt hat. Das Ende der DDR hat Putin
in Dresden erlebt, als Demonstranten am 5. Dezember 1989 die Bezirksverwaltung des MfS (Ministe-
rium für Sicherheit) besetzten und später zum KGB
in der Angelikastraße zogen. Er fühlte sich macht-
los. Aus seiner Sicht war es Schwäche, die schließlich zum Niedergang eines Systems führte. Am
1. Juli 1991 wurde das Schicksal des Warschauer
Paktes endgültig besiegelt, gleichzeitig das Ende
der UdSSR, von dem Putin später sagte, dass dies
die größte geopolitische Katastrophe des 20. Jahrhunderts gewesen sei. 1993 wurde er nach seinen

politischen Vorstellungen gefragt; er hielte, so seine
Worte, eine Militärdiktatur nach chilenischem
Vorbild (Pinochet) für denkbar.

So lebt Putin bis heute im Grenzbereich von Bild
und Wunschbild und konsequent behielt er seine
Verbindungen zu KGB (Auslandgeheimdienst) und
FSB (Inlandgeheimdienst) bei. Allein der Umstand,
dass er immer wieder von „vertikaler Ordnung"
spricht, zeigt, wie er sich organisierte Macht vor-
stellt. Die Methoden haben sich inzwischen zugunsten der Geheimdienste verändert. Gummihand-
schuhe sind nicht mehr erforderlich. Durch die
Etablierung sozialer Netzwerke sind Täuschungen
und Lügen leichter vermittelbar. Einigermaßen
erstaunlich ist, dass mit Zunahme von Täuschung
und Lüge zum einen die Verführbarkeit der Menschen zugenommen hat, zum anderen und in gleicher Weise die Unbedenklichkeit, sich der Lüge zu
bedienen.

Die Reduzierung der damaligen Sowjetunion auf
das heutige Gebiet der russischen Föderation ist in
seinen Augen die größte Katastrophe des 20. Jahrhunderts. Er argumentiert zwar: Wer nicht darunter
leidet, hat kein Herz; wer sich nach Wiederherstellung früherer Verhältnisse sehnt, hat keinen Verstand, doch ist der Niedergang der Sowjetunion für
ihn ganz offensichtlich ein noch gärendes Problem.
Es zeigt, wie sehr er geopolitischem Gedankengut
verhaftet ist. Die Größe des russischen Territoriums
scheint ihm wichtiger zu sein als das Wohlergehen

der Bürger. Was er übersieht, ist der Umstand, dass die Aufrechterhaltung der Stabilität und der Größe des sowjetischen Einflussbereiches im Warschauer Pakt nur durch Unterdrückung der Bevölkerung und durch militärische Präsenz und immer wieder durch russische Panzer (Berlin, Ungarn, Prag) möglich war. Es war Größe durch Unterwerfung Anderer. In den osteuropäischen Ländern lebt die Angst vor russischer Verwaltung und russischen Panzern fort. Die NATO-Osterweiterung ist ausschließlich die Folge dieser rigiden Politik Russlands. Die NATO bedroht niemanden, sie schützt diejenigen, die sich bedroht fühlen bzw. bedroht werden.

Auch das ist die Folge langjähriger geheimdienstlicher Tätigkeit: Die stets abrufbare und ständig präsente Schablone mit ihren zwei Seiten: Bedrohung und Abwehr. In anderen Kategorien kann Putin nicht denken. Das Leben besteht bei ihm im Wesentlichen aus der Fähigkeit, Gegnerschaft zu erkennen und sie auszuschalten. Die höchste Form der Bedrohung ist der Verrat, ein Treuebruch, die Aufkündigung einer Freundschaft, ein sich offen gegen ihn stellen. Immer, wenn er Verrat vermutet, sieht er sich zum Handeln aufgefordert; die erforderlichen Methoden sind ihm geläufig. Er hat gelernt, sich in einem solchen Umfeld durchzusetzen, geheimdienstliches Handwerkzeug zu nutzen und sich zu behaupten. Wenn der oppositionelle Schachweltmeister Kasparow sagt: „Meine Freunde sind entweder emigriert, verhaftet oder ermordet," dann liegt das Handwerkzeug offen zutage. Das ist Putin und er ist es, der sich bedroht fühlt. Es ist eine Form psychologischer Bewahrheitung: Es sind die Gedanken in ihm, die ihm sagen, dass sich das, was er anderen zumutet, auch an ihm selbst ereignen kann. So entsteht die Angst, selbst zum Opfer zu werden. Von außen lässt sich schwer nachvollziehen, was er als Bedrohung empfindet, doch ist das Bedrohungsgefühl so stark, dass sich bei ihrer Abwehr sämtliche moralische Bedenken relativieren.

Nun ist Putin Präsident der Russischen Föderation. Jelzin hat ihn in dieses Amt gebracht, geschickt lanciert, unter Umgehung einer von der Verfassung vorgeschriebenen Wahl durch das Volk. Putin weiß nicht, dass sich Jelzin später einmal äußern wird, es sei ein Fehler gewesen, ihn zum Präsidenten zu machen. Nun ist er es. Mit der Präsidentschaft erhielten die geheimdienstlichen Methoden letzte Weihen., sie wurden gleichsam staatstragend. Langsam und konsequent bündelte er das persönliche Gut des Erlernten, die Fülle seiner Erfahrungen, seines methodischen Wissens, all dies in die neue Aufgabe, Alleinherrscher des größten und geschichtsträchtigen Landes Russland zu sein und schon auf dem langen Weg zu seiner Vereidigung vorbei an den geladenen Gästen, durch Türen, die bereits die auf ihn zu kommenden überdimensionierten Aufgaben ahnen lassen, wird erkennbar, dass er nicht Diener des Amtes, nicht Wohltäter des

Volkes sein will sondern Stratege, Entscheider und Lenker, in zaristischer Größe und imperialer Entschlossenheit in einem neuen Großrussland. Vor dem Hintergrund persönlicher Erfahrungen von historischer Tragweite, von Schwäche bedingtem Niedergang und System-erhaltender Stärke wird er immer mehr zum Getriebenen seiner nach historischer Bedeutung gierenden Gedanken; immerhin repräsentiert er Russland und mehr noch, er *ist* Russland und als solcher muss er seinen Platz finden in der Welt, ein Platz, der ihm Achtung und Respekt verschafft.

Es ist sein Auftrag, Russland zur alten Größe zurückzuführen. Die Lügen, in die er sich mehr und mehr verstrickt, zeigen, wie sehr er in seinem Wunschbild gefangen ist. Im Zwielicht der sich entwickelnden Paranoia, die ihm die Möglichkeit nimmt, zwischen Wunsch und Wirklichkeit zu unterscheiden, verliert er sein moralisches Gespür. Er sieht in der Welt nur noch geopolitische Einflusssphären; er fühlt sich bedroht, bedroht, von der Freiheit im eigenen Land. In der Einsamkeit seiner vertikalen Ordnung sucht er nach geistigen Weggefährten, nach Gleichgesinnten, nach vermittelbaren Leitbildern. In der Figur Stalins wird er fündig. Auch in seinem Bild wird nun Geschichte eigenwillig gedeutet: Nicht mehr Despot und Schlächter sondern National- und Kriegsheld, Sieger und Bezwinger des Nationalsozialismus. Und die Nazis, die, nach Putins Überzeugung, auch heute noch in der Ukraine wirksam sind, sie bedrohen ihn auch jetzt und sie bedrohen schließlich seine Idee vom Großrussland.

Am 24. August 1991 wurde die Ukrainische Sozialistische Sowjetrepublik zu einem unabhängigen ukrainischen Staat. Die zurückliegende Zeit der sowjetischen Besatzung, vor allem die Zeit unter Stalin, war für das ukrainische Volk eine schwere Belastung. In der festen Überzeugung, dass es sich bei der Ukraine um ein russisches Brudervolk handeln würde, was historisch in keiner Weise zu belegen ist und lediglich mit der dort lebenden russischen Minderheit begründet wird, erfolgte während der Besatzungszeit eine konsequente Sowjetifizierung. Die Elite der Ukraine wurde systematisch verfolgt, zum Teil deportiert oder liquidiert. Die historischen und kulturellen Wurzeln der Ukraine wurden negiert, das ukrainische Volk seiner Identität beraubt. Literarische Schriften mit ukrainespezifischem Hintergrund und jede Form kultureller Betätigung wurden verboten. Zehntausende von ukrainischen Bauern verhungerten in der Auflehnung gegen die kommunistischen Agrarreformen. Auch nach dem Erreichen der staatlichen Unabhängigkeit hielt Moskau unverändert an der Einschätzung fest, dass die Ukraine als ein ideeller Teil Russlands zu betrachten ist. Als Konsequenz daraus war Moskau stets bemüht, an der Abhängigkeit, politisch, kulturell und wirtschaftlich, festzuhalten. Diese Einflussnahme, die mit obstruktiven

Mitteln (etwa der Gasversorgung) immer wieder die wirtschaftliche Abhängigkeit ins Bewusstsein brachte und die Versuche, auf die Präsidentschaftswahlen mit unlauteren Mitteln einzuwirken, führte zu immer wieder aufkeimenden Protesten und Demonstrationen sowie im Jahr 2004 zur sog. Kastanienrevolution (Orange Revolution).

Der am 7. Februar 2010 zum Präsidenten gewählte Wiktor Janukowytsch war in seiner politischen Orientierung undurchsichtig; einerseits betonte er verbal immer wieder die Blockfreiheit der Ukraine, de facto aber verfolgte er die Annäherung seines Landes an Russland. Seine Ankündigung, das Assoziierungsabkommen mit der Europäischen Union nicht zu unterzeichnen, führte ab dem 21. November 2013 zu der sich blutig ausweitenden Maidan-Revolution. Die weitere Entwicklung ist bekannt. Immerhin ist die Ukraine nach Ansicht Putins, ein Teil dieses Wunschbildes „Großrussland", ohne jedes Recht auf Selbständigkeit! Mit der Behauptung, es gäbe reichhaltig nationalsozialistisches Gedankengut in der Ukraine, schafft er eine gegen die Ukraine gerichtete Grundstimmung in seinem eigenen Land. Was ist sie denn die Ukraine ohne Russland, wenn man die Geschichte so sieht, wie *ich, Putin,* sie sehe? Ich, der ich berufen bin, mit Hilfe Gottes und der Kirche Erneuerer und Vollender des neuen Imperiums „Großrussland" zu sein! Sogar sein eigenes Volk, deren Präsident er ist, muss er belügen, um durch die vielen Lügen hindurch einen Weg zu finden; und dabei machen es ihm so viele Menschen so leicht, diesen Weg zu gehen, als ob hinter der Lüge eine bewundernswerte Macht stünde. Warum erkennen es die Menschen nicht, dass die Lüge ein Feind der Freiheit ist. Es geht in diesem Krieg um die Freiheit!!

Lassen wir das Argument nicht zu groß werden, dass wir durch diesen Krieg ärmer werden. Wir werden ärmer, wenn wir nachlassen, uns gemeinsam für die Freiheit einzusetzen. Es geht um die Freiheit, das müssen wir alle begreifen!!

Es wird immer deutlicher, wie Putin diesen Krieg führt; kompromisslos unter Missachtung aller Regeln und Gesetze, fern von jedem moralischen Anspruch, jenseits von Gewissen und Verantwortung. Er verkörpert die Geschichte Russlands und die Erfahrungen aus den Jahren des Geheimdienstes und nicht weniger aus dem teuflischen Syrienkrieg helfen ihm, seine Ziele von historischer Tragweite zu erreichen. Es könnte jedoch sein, dass er eines übersieht: Die Geschichte lässt sich nicht täuschen; das ist Hitler nicht gelungen und Stalin trotz aller Deutungsversuche auch nicht. Die Geschichte wird auch ihn entlarven als den Schlächter von Petersburg. Lange Zeit hat er versucht, sein wahres Gesicht zu verbergen.

Zweimal hat Putin als russischer Staatspräsident nach dem Zerfall der Sowjetunion mit persönlicher Unterschrift der Ukraine Selbständigkeit und Unabhängigkeit zugesichert. Er hat Verrat

begangen an der Ukraine aber auch am russischen
Volk. In den Geschichtsbüchern wird stehen: Peter
der Große und Katharina die Große, als Beispiele
für große russische Persönlichkeiten, für Repräsentanten der russischen Volksseele. Doch, fernab von
Kultur, Zivilisation und jeder Form von geistigem
Leben: Die Unrussen: Stalin und Putin.

Freiheit

*Freiheit ist die Teilnahme des Menschen
an der moralischen Welt.*

Gertrud Fussenegger

*Was ich heute über Freiheit denke, ist im
Wesentlichen ein Freisein von der Lüge.*

Heimito von Doderer

*Freiheit ist die Macht,
die wir über uns selber haben.*

Hugo Grotius

Die Menschheitsgeschichte lehrt, dass man bereit und willens sein muss, Freiheit zu wagen, zugleich aber auch den Mut haben muss, sie zu verteidigen. Die Brisanz der aktuellen politischen Lage macht deutlich, wie wichtig es ist, sich über das Wesen der Freiheit Gedanken zu machen. Im Zentrum der unmittelbaren Betroffenheit steht der russisch-ukrainische Krieg; doch eine Vielzahl anderer Vorkommnisse reihen sich nicht weniger bedrückend ein in die Vielzahl bestehender Freiheitsgefährdungen bis hin zum vollständigen Freiheitsverlust: Die kommunistische Diktatur in Nordkorea, die menschenrechtswidrige Behandlung der Uiguren in China, die Zerschlagung der

Demokratiebewegung in Myanmar, die staatliche Beeinflussung des Rechtswesens in der Türkei, vergleichbare Tendenzen in Ungarn und Polen, religiöser Fanatismus, einhergehend mit einer intoleranten kulturellen Indoktrination in Afghanistan, die brutale Freiheitsverweigerung im Iran, und viele andere Beispiele, die zeigen, wie sich der Staat der freien Entfaltung des Menschen entgegenstellt und Ziele am Menschen vorbei verfolgt. Nicht zu vergessen sind die Russische Föderation und Weißrussland, in denen Menschen in Haft genommen und Freiheitsrechte nahezu vollständig aufgehoben sind. Der russische Mensch tendiert zur Hörigkeit gegenüber staatlich verordneter Macht. So war es zu Zeiten der Zaren, zu Zeiten der Sowjetunion (Stalin) und nun lebt der Geist des Zarismus in der Alleinherrschaft Putins fort. Der geschundene Mensch hat das Gefühl von Freiheit weitgehend verloren. Nie war Putin ein „lupenreiner" Demokrat. Es war die Wahrnehmungsstörung eines Freundes, der Erfahrung folgend, nach der sich das Herz (bzw. der Geldbeutel) orientiert, der Kopf aber versucht, die Argumente zu liefern. Diese Marginale wäre der Erwähnung nicht wert, wenn sie nicht deutlich machte, wie leicht sich der Mensch beeinflussen und blenden lässt und wie sehr sein Denken durch seine Vorstellungen und Einbildungen grundlegend verändert werden kann. Erstaunlich, mitunter auch erschreckend ist zu sehen, dass Einbildungen und Vorstellungen sich oft stärker und widerstandsloser des Menschen bemächtigen, als es die Klarheit des Denkens vermag. Dieser Effekt war bereits während der Corona-Pandemie deutlich spürbar, wobei Leichtgläubigkeit wohl allgemein zu den elementaren Schwächen der menschlichen Natur zählen dürfte. Vice versa wird es immer den Versuch geben, diese Schwäche durch propagandistische Fehlinformation, durch Täuschung und Lüge zu fremden Zwecken zu nutzen. So sind wir unvermittelt erneut auf das Problem der Freiheit gestoßen. Kann ein Mensch, der durch seine eigenen Vorstellungen und Einbildungen indoktriniert wird, frei sein?

Das Grundbedürfnis des Menschen ist frei zu sein, seinem eigenen Willen folgen zu können und dabei, wenn möglich, auf keine großen Widerstände stoßen zu müssen. So groß die Kraft der Freiheit in uns auch ist, bleibt sie in dieser absoluten Form reines Wunschdenken und behaftet mit mancherlei Gefahren. Gegen die ersehnte Autonomie des eigenen Willens steht der Tatbestand des sozialen Umfeldes, das Wissen also, dass jede von uns ausgehende Aktion eine Reaktion bei den mit uns lebenden Mitmenschen hervorruft, im positiven oder im negativen Sinn. Auf der einen Seite steht also die Kraft der Freiheit, die primär das Eigene will, auf der anderen das Wissen um die Gesellschaft, um den oder die Anderen, auf die ich mit meinem Handeln einwirke. Um die verschiedenen Möglichkeiten des Interagierens zwischen beiden Welten einordnen zu können, muss man sich einen weiteren Beweggrund des individuellen Daseins vor Augen führen. Es ist die Sehnsucht nach Schutz, nach Aufgehobenheit, nach Halt, nach Anerkennung, nach Sinn, nach Dazugehörigkeit, nach Glück, nach Dauer. Die Kraft der Freiheit wird dazu genutzt, sich dieser Ziele anzunähern, sie zu erreichen. In dem Wechselspiel von Freiheit und Gemeinschaft zeigt sich schließlich die ganze Vielfalt menschlicher Größe und menschlichen Versagens. Einige Lebensbilder sollen das veranschaulichen:

Die Suche nach Anerkennung. Die Gefahr ist, dass ich in dem Bedürfnis, anerkannt, beliebt und respektiert zu sein, anderen etwas vormache, mich verbiege, etwas vorspiele, was ich nicht bin. Ich bin bereit, mein „ich" zu verraten und andere zu täuschen. Die Freiheit mündet in einen Identitätsverlust.

Die Suche nach Stärke: Allein fühle ich mich schwach, nicht durchsetzungsfähig; also suche ich Anschluss, oft in einer Gruppe Gleichgesinnter, dort fühle ich Möglichkeiten, die ich allein nicht habe. Dadurch dass ich in der Gruppe die Verantwortung nicht mehr allein trage, weiten sich die Möglichkeiten meines Handelns über die vorgegebenen mit der Gefahr, Gesetze zu ignorieren und damit anderen zu schaden.

Den angestrebten Erfolg kann ich nur erreichen, wenn ich Mittel einsetze, von denen ich weiß, dass andere dadurch Nachteile erleiden. Aneignung fremden Eigentums. Auch hier gelingt dies leichter in einer Gruppe als im Alleingang. Die Rechte der Anderen werden missachtet.

Durch die Kontakte in den sozialen Netzwerken kann ein Misstrauen gegenüber Institutionen, industriellen Machenschaften oder (weil besonders beliebt) gegenüber den USA entstehen. Jede propagandistische Information vermag das Misstrauen zu verstärken und mir das Gefühl geben, ein Wissender zu sein. Die Menge vermittelt dabei stets das Gefühl von Stärke.

Das Bedürfnis, ein Wissender zu sein. Mit dem Angebot von Täuschung und Lüge, gemeinhin als Wissen verpackt, gelingt es leicht, sich auf die Seite der „Wissenden" zu schlagen. Man hat das Bedürfnis, dem normalen Wissen gegenüber überlegen zu sein. Man weiß es besser; man ist auf der Seite der Wissenden und damit auf der Seite des Stärkeren. Ganz allgemein führt das Festhalten an Vorstellungen und Einbildungen zu der Unfähigkeit, auf reale Situationen rational zu reagieren.

Jeder kann sich aus dem Puzzle der verschiedenen Möglichkeiten Lebenskonstellationen zurechtlegen, die ihm entweder bekannt oder ihm schon begegnet sind. In jedem Fall wird deutlich, dass es Regeln geben muss für denjenigen, der in der Gemeinschaft seinen Platz sucht (Anerkennung, Liebe, Schutz, Halt) und für denjenigen, der mit der Gemeinschaft oder gegen sie etwas erreichen will

(Propaganda, Täuschung, Lüge). Dass die Würde des Menschen im Grundgesetz zentral verankert ist, zeigt die moralische Grundlage unseres gesellschaftlichen Zusammenlebens. Die Interaktionen zwischen dem Einzelnen und der Gemeinschaft sind an Regeln geknüpft, die dieser moralischen Grundlage Rechnung tragen: Glaubwürdigkeit, Aufrichtigkeit, Offenheit und Klarheit. Besonders in Zeiten eines gebrochenen Wahrheitsempfindens (Fake News, alternative Wahrheiten) ist es wichtig auf den Zusammenhang von Klarheit und Wahrheit hinzuweisen: Die verlässliche und unbestechliche Klarheit des Denkens markiert den Weg zur Wahrheit. Die subjektive, emotionale Tünchung der Klarheit in Form der Einbildung und Vorstellung fördert den Weg in die Irrationalität und fördert den Orientierungsverlust und schließlich den Verlust an Vertrauen und Selbstvertrauen.

Am Beispiel der von Russland vorgetragenen Kriegsrhetorik und Kriegspropaganda lassen sich die Folgen augenfällig demonstrieren: Wut, Hass und Aggression. Es muss jedem einleuchten, dass dies als ein Angriff auf die demokratischen Werte zu verstehen ist. Der Angriff, mit dem Ziel, diese Werte zu zerstören, fordert uns heraus und stellt Fragen an unsere Überzeugung und an unsere Haltung. Nachdem unsere Regierung nach demokratischen Regeln gewählt ist, repräsentiert sie die Gesellschaft nach innen und außen. Zwischen Regierung und Gesellschaft besteht gleichsam ein stilles Übereinkommen, welches auf Vertrauen gegründet ist: Die Regierung legitimiert sich durch Erklärung und Aufklärung, durch eine intensive kommunikative Tätigkeit und eine ständig geleistete Öffentlichkeitsarbeit; die Gesellschaft hält ihr den Rücken frei, zumindest so lange, wie erkennbar ist, dass sie fähig und im Stande ist, die Vitalität des Staatsgefüges zu fördern und die Interessen der Gesellschaft wahrzunehmen. In diesem sensiblen Gleichgewicht von Regierung und Gesellschaft treten unerwartet Störungen auf; man spricht von kommunikativen Versäumnissen, von fehlender Mitteilsamkeit des Kanzlers. Nicht zu übersehen sind widersprüchliche Verlautbarungen und keineswegs schlüssige Informationen, in einer Zeit, in der die Demokratie so offensichtlich bedroht wird. Der Kanzler war es, der von einer Zeitenwende sprach, der betonte, das Putin den Krieg nicht gewinnen dürfe und der Ukraine jedwede Hilfe zusagte; er war es, der schlussfolgerte, dass die Menschen in der Ukraine auch unsere Freiheit verteidigen würden. Angesichts dieses Angriffes auf jeden zivilisatorischen Konsens ist es unverständlich, in welcher Art und Weise Bundeskanzler Scholz die zugesagten Waffenlieferungen an die Ukraine kommuniziert. Im Plenum des Bundestages wird der Antrag auf Lieferung schwerer Waffen beantragt und mit großer Mehrheit bewilligt; wenige Tage später erfährt man von einer parlamentarischen Staatssekretärin, dass es Absprachen und eine Übereinkunft zwischen Bündnispartnern der NATO gäbe, keine Kampfpanzer, keine Schützenpanzer und sonstiges schweres Gerät zu liefern. Wie von der Industrie zu hören ist, ist noch kein schweres Gerät geliefert worden. Es ist die fehlende Klarheit, die, solange man nichts Näheres weiß, von Täuschung und Lüge nicht zu unterscheiden ist. Für jeden Bürger wäre leicht nachvollziehbar und verständlich, wenn, gerade in Kriegszeiten, nicht alle Details ausgeplaudert werden, doch solche Inkongruenzen aus einem Mund zerstören das Vertrauen! Zumal es nicht das erste Mal ist, dass Herr Scholz die Zuhörer durch das bewusst Nicht-Gesagte quälend auf die Folter spannt. Es ist schlimm und für das gesamte internationale Politikverständnis äußerst nachteilig, wenn Absichten und Vorhaben vom obersten und dazu noch weisungsbefugten Staatsmann nur in schwächelnder und schwankender und dazu noch in verbissen eigenwilliger Rhetorik verlautbart werden.

Eine Mehrheit der Bevölkerung, zumindest im Westen der Republik, ist mit großer Überzeugung dafür, die Ukraine mit allen verfügbaren Mitteln zu unterstützen und ihr bei ihrem existenziellen Kampf zur Seite zu stehen. Dass Viele jede Unterstützung ablehnen und trotz der täglichen Bilder von Zerstörung und menschlichem Leid offen bleiben für kriegsfördernde propagandistische Einflussnahme ist kaum nachzuvollziehen. Immer wieder taucht das Argument auf, dass durch Waffenlieferungen und die damit verursachte Verlängerung des

Krieges sich das Leid nur noch verschlimmere. Manche raten gar, sich zu ergeben, damit die furchtbare Zerstörung ein Ende finde. Diese Ratschläge mögen gut gemeint sein, doch, wie so oft bei gut gemeinten Ratschlägen, befriedigen sie in erster Linie eigene Gefühlssphären bzw. das eigene Betroffen-Sein als dass sie sich hineinversetzen in die Unbill des Anderen. „Gut gemeint" bedeutet meist „Ich gehe mal von mir aus", doch meine Wirklichkeit, von der ich ausgehe, ist eben eine andere, als die, die ich glaube beraten zu müssen. Der Rat also, den ich gebe, geschieht immer im Bewusstsein meiner Wirklichkeit; diese Wirklichkeit zeichnet sich dadurch aus, dass ich in Freiheit und Frieden lebe, dass ich keine Zerstörungen und vor allem keine Bomben und den Verlust meiner Heimat zu befürchten habe. Was liegt näher, als diesen schätzenswerten Zustand des nicht Bedroht-Werdens anderen zu wünschen, eben jenen, die sich in größter Not mit den mörderischen Waffen auseinandersetzen müssen. Wäre es nicht schöner, wenn wieder Friede einkehrt, wenn wir wieder Ruhe hätten? Gut gemeinte Ratschläge pflegen an der Wirklichkeit des Anderen zu zerbrechen. Es ist einfach zutreffend, wenn Schiller sagt: „Leicht beieinander wohnen die Gedanken, doch hart im Raume stoßen sich die Sachen". Der gut gemeinte Rat ist zu einfach und zu kurz gedacht. Es wird nicht bedacht, was es bedeutet, sich diesem Aggressor zu ergeben? Zunächst muss die Gesinnung dieses Aggressors in Betracht gezogen werden. Er hat sein

Gesicht gezeigt in Tschetschenien, Syrien, Georgien, Moldawien und er zeigt es jetzt mit seiner Kriegsführung, streng seiner Vorstellung folgend: „Die Ukraine hat kein Recht auf Souveränität, kein Recht auf Selbständigkeit" und hat kein Existenzrecht. Zunächst sollte Einigkeit darüber bestehen, dass der Angegriffene selbst die Möglichkeit haben muss, über derart wichtige Fragen eine Entscheidung zu treffen. „Entmilitarisierung!" Das würde bedeuten: Zur Willenlosigkeit verdammt sein! „Wieder zu einem Teil von Russland werden!" Das würde bedeuten: Freiheiten verlieren; zurück in die Diktatur! Verschleppung, Verhaftung, Folter! Absolute Staatswilligkeit! Ein Blick auf das heutige Russland genügt! Es ist genau das, was der russische Staat und das russische Militär der Welt vor Augen führt. Ein Krieg gegen die Ukraine, ein Kampf gegen die ukrainische Identität, eine Verneinung der ukrainischen Geschichte, eine Missachtung der ukrainischen Intelligenz, eine unsagbare Brutalität gegenüber dem ukrainischen Volk. Man muss verstehen, worum es bei diesem Krieg in Wirklichkeit geht. Es geht um Sein oder Nicht-Sein in Sachen Zivilisation, in Sachen Menschenrechte und um alles, was daraus folgt: Würde, Freiheit, Freizügigkeit, Respekt, Toleranz, Menschlichkeit. Summa summarum, es geht um das Mensch-Sein!

Die politische Weltlage zeigt deutlich: Die Freiheit ist bedroht, die demokratische Idee gefährdet! Es ist ein zunehmender, weit verbreiteter Kampf zentralistischer, autoritärer Zielsetzungen gegen die individuellen Rechte des Menschen. Russland zeigt, wozu Machtideen, die sich jeder Kontrolle und moralischen Orientierung entledigt haben, fähig sind, es zeigt, wie schnell Machtbesessenheit das Menschenbild entzaubert und das unkontrollierte Böse zu Tage fördert. Hat der Westen verstanden, worum es in diesem Krieg geht? Sind die Menschen im Westen bereit und willens, die Freiheit zu verteidigen?

Am 24. Februar 2022 stellte die Außenministerin, Frau Annalena Baerbock, fest, dass wir an diesem Tag in einer anderen Welt aufgewacht seien. Gefühlsmäßig wird man sofort zustimmen, doch stimmt das? Hat sich die Welt seit dem 24.2.2022 wirklich verändert? Könnte es sein, dass sich nicht die Welt, sondern etwas in unserer Wahrnehmung geändert hat? Wir waren beschäftigt mit unserem Leben, mit den Problemen der Pandemie, mit wirtschaftlichen Belangen, mit sozialen Ungereimtheiten, mit Kirche und Politik. So sehr uns auch das Alltägliche forderte, existenzielle Probleme hatten wir nicht; das Leben vollzog sich im Rahmen naturgegebener Vorgaben; nichts Unnatürliches hatten wir zu befürchten. Und doch, wer es sehen wollte, der konnte es sehen: Das Böse war auch in dieser Zeit in der Welt! Ist es nicht immer in der Welt? Haben wir geträumt; verliebt in eine Problemlosigkeit, die wir uns leichtfertig zurechtgelegt und alles auf unsere Verhältnisse hin bewertet haben? Die Freiheitsrechte waren ja nicht bei uns bedroht; anders in Russland, Belarus, China, Nordkorea, Syrien, Myanmar, Türkei, Saudi Arabien, Iran, Venezuela und andere. Weite Entfernungen sind der Garant für Schmerzfreiheit. Unsere Welt lief wie ein Uhrwerk und wir ließen uns betören von der eigenbetrieblichen Reibungslosigkeit. Aber dann, am 24.2.2022 wachten wir auf und es war da! Das Böse! Der Krieg, mitten in Europa! Mit einer Art der Kriegsführung, die wir durchaus kannten, sie aber auf Abstand hielten, mit der Bombardierung von Schulen und Krankenhäusern, mit einer menschenverachtenden Arroganz und einer todbringenden Infernalität.

In russischen Schulbüchern ist bereits der Begriff „Ukraine" per Gesetz gestrichen worden. So viel zu den Zielvorgaben der russischen Kriegsführung. Während der Krieg in der Ukraine seinen Fortgang nimmt, wird in Belarus an der Rückkehr zur sowjetischen Einheit gearbeitet. In Transnistrien sind erste konkrete Anzeichen für eine fortschreitende Missachtung staatlicher Hoheitsgebiete durch Russland zu erkennen. Russland tut alles, um seinen Einfluss in der Region der ehemaligen Sowjetunion auszuweiten und die dortigen Menschen in die Vorstellung der absoluten Hörigkeit zu zwingen. Gleichzeitig unternimmt Putin alles, um die Stabilität des Westens zu untergraben. Wenn er propagandistisch verlautbaren lässt, dass er sich von der NATO bedroht fühle, dann gewiss nicht so, wie es sich die Narrativgläubigen zu eigen machen; es ist nicht die militärische Bedrohung, die er fürchtet, er fürchtet die Freiheit und er hat Grund, sie zu fürchten! Ein Mensch, der sich selbst mit so vielen Lügen Fesseln angelegt hat, muss sich vor der Wahrheit fürchten. Seine Liebe und Vertrautheit zur Lüge nutzt er, um das Böse in der Welt zu verbreiten (Fake News in sozialen Netzwerken, destruktive Cyber-Aktivitäten) getrieben von einer atemlos kreativen Destruktivität. Mit der Bombardierung von Getreidesilos zeigt er noch einmal mehr sein menschenverachtendes Gesicht; die Menschen kümmern ihn nicht; er baut an der monumentalen Wiederkehr imperialer Größe.

Wie ist die Reaktion des Westens, derjenigen Länder also, die sich dem geistigen Zugriff der russischen Rhetorik entziehen und sich eindeutig gegen Despotie und Barbarei stellen? Man ist sich einig, dass man der Ukraine nach Maßgabe aller erdenklichen Möglichkeiten helfen und sie unterstützen muss, finanziell, wirtschaftlich, militärisch. Es wird über jede Art von Waffen gesprochen, über Munition, über die Möglichkeiten, sie der Ukraine zur Verfügung zu stellen; es wird überhaupt viel gesprochen, doch irgendwann merkt man die Diskrepanz zwischen Wort und Tat und Deutschland vorne dran, so dass der Verteidigungsminister von Lettland schließlich feststellt, das Vertrauen in die deutsche Außenpolitik geht gegen Null. Scholz verkündet großmündig: „Die Ukraine darf den Krieg nicht verlieren, sie wird ihn nicht verlieren!" Worte eines zahnlosen Tigers! Angesichts der immer düsterer werdenden Lage ist diese folgenlose Wortgewalt nur schwer zu ertragen. Zugleich betont er: „Ich werde alles tun, damit nicht der Eindruck entsteht zur Kriegspartei zu werden." Was ist das für eine Hilfe, die nicht den Eindruck der Hilfe erwecken darf? Jedes Handeln wird offensichtlich in der Angst vor einem europäischen Krieg oder gar Atomkrieg erstickt. Hierin liegt ein gedankliches Problem, das grundsätzlich geklärt werden muss. Man dürfe Putin nicht reizen, hört man. Der französische Staatspräsident: Man muss Acht geben und darf Putin auf keinen Fall demütigen. Man hört, man dürfe Putin keinen Grund für weitere Eskalationen liefern, man muss ihm die Möglichkeit geben, sein Gesicht zu wahren. Welches Spiel wird hier gespielt? Welche Verirrung vollzieht sich hier? Ich habe mich intensiv mit Churchill befasst und die verschiedenen politischen Bemühungen in den Jahren von 1938 bis 1941 studiert. Vieles verhält sich spiegelbildlich, doch nirgendwo fand ich vergleichbare Aussagen (man müsse Hitler die Möglichkeit geben, sein Gesicht zu wahren, man dürfe ihm keinen Grund geben für weitere Eskalationen). Churchill war der Einzige, der das Böse in seiner ganzen Tragweite erkannt hat und zu der entschiedenen Auffassung kam, dass man es bekämpfen müsse, und zwar mit allen verfügbaren Mitteln. Es war ein schwerer, ein überaus verlustreicher Kampf;

die Freiheit, in der wir nahezu 80 Jahre gelebt haben, verdanken wir ausschließlich seiner Initiative!

Nun sind wir am 24. Februar 2022 aufgewacht und plötzlich stand der Wolf vor der Tür. In der langen Zeit des Friedens haben wir uns mit uns selbst, nicht aber mit Wölfen beschäftigt; die Wölfe, die wir hätten sehen können, haben wir ignoriert; sie durften uns in unseren Träumen nicht stören, wir hielten sie auf Distanz, gerade und umso mehr als das Handwerkzeug des Todes schon immer erkennbar war. Nein, es ist keine Zeitenwende, es ist ein Aufwachen, ein Aufwachen in einer Welt, die nie anders war! Die wir nur anders sehen wollten. Das Böse *ist* in der Welt und immer ist die Frage, wie mit ihm umzugehen ist. Man muss im Gespräch bleiben, muss miteinander reden, muss zuhören, Gedanken teilen, sich mitteilen und immer wieder hören und versuchen zu verstehen. Was aber ist zu tun, wenn das Gespräch nicht zum Erfolg, nicht zum angestrebten Kompromiss, also nicht zu einer friedlichen Einigung führt? Das Problem dabei ist, und diese Erfahrung sollte man nicht ignorieren: Das Wort des Schwachen gilt nichts. Das alte römische Sprichwort ist nicht leichtfertig von der Hand zu weisen: „Wenn du Frieden willst, rüste auf!“ Man kann sich ja mal gedanklich mit Herrn Kim Jong-un oder mit Herrn Xi Jinping an einen Tisch setzen, um friedliche Konditionen auszuhandeln. Die erste Frage wird sein: „Wer oder was bist du eigentlich?“ Man kann einen Vulkanausbruch nicht mit schwenkenden Friedensfähnchen aufhalten. Warum nur wähnen sich Fähnchen schwenkende Friedensdemonstranten stets auf der moralisch unbedenklichen Seite? Sie demonstrieren reine Passivität, aber sie demonstrieren nicht Entschlossenheit und Leidensbereitschaft. Wer grundsätzlich ohne Waffen, ohne zu kämpfen im Leben auskommen will, der muss bereit sein, sich erschießen zu lassen; man braucht sich nicht impfen zu lassen, wenn man bereit ist, krank zu werden; man braucht nicht zu arbeiten, wenn man bereit ist zu sterben. Wer glaubt, Leben sei ohne Kampf möglich, ohne Mühe und ohne Opfer, verabschiedet sich vorzeitig ins Paradies oder er verlässt sich auf Andere, die bereit sind, für ihn zu kämpfen, selbst dann, wenn es darum geht, Haus, Hof und Familie zu verteidigen. Das aber fällt gewiss nicht unter den Anspruch, moralisch zu handeln. Wer sich in dieser Welt paradiesische Zustände erträumt, muss sich fragen lassen, ob er das Leben verstanden hat. Man muss sich gar selbstkritisch fragen, ob nicht die unachtsame, ausschließlich auf das eigene Wohlfühlen hin ausgerichtete Beschäftigung mit sich selbst bei Wölfen den Eindruck von Schwäche entstehen lässt und mancherlei Macht- und Okkupationsgelüste weckt. Leicht wird das Schwache überrollt; wer nicht trainiert, verliert schnell seine Form, wer seine Stärke nicht unter ständigen Beweis stellt, wird sie einbüßen. Das Leben ist wachsam; überall lauern Wölfe; wir hatten es nur vergessen. Christian Lindner sagte sinngemäß, wir müssen die Bundeswehr stark machen, damit wir nicht in die Verlegenheit kommen, kämpfen zu müssen. Man muss nur ein guter Beobachter sein: Russland fällt nicht gerade durch ein starkes Militär auf, doch die aufgebaute Drohkulisse (Atomwaffe) lässt uns vor Angst erstarren, d.h. wir verlieren die nüchterne analytische Kompetenz. An einem zugefrorenen See sehe ich, wie ein Kind einbricht; es droht zu ertrinken. Fazit: Es gibt keine wirkliche Hilfe ohne Risiko. Den Gedanken weiterdenkend wird man sich eingestehen müssen, dass es auch keine Freiheit gibt, die ohne Risiko wäre.

In Zeiten des Dritten Reiches ging das Böse von Hitler und seinen Gleichgesinnten aus; jetzt ist es Putin und seine Gesinnungsgenossen, die mit Entschiedenheit und unvorstellbarer Härte das Böse in die Welt tragen. Es ist nicht Russland, sowenig, wie es Deutschland war und doch reicht die Verantwortung mit allen Unschärfen weit in die Bereiche der freiwilligen oder erzwungenen Beteiligung und des „Mitmachens". Immer wieder ist zu hören, dass die Ukrainer entnazifiziert werden müssten, dass sie kein Recht hätten zu leben! So weit geht Putin und wir sehen es an seiner Kriegsführung. Bei Hitler waren es die Juden, bei Putin die Ukrainer! Bei Putin ist es die Spezialoperation, bei Hitler das Sonderkommando. Es ist wohl so, dass Viele noch nicht verstanden haben, worum es in diesem Krieg geht, vielleicht auch, weil sie es nicht für möglich halten, doch wir sehen es täglich und täglich hören wir die Lügen: Butscha, eine Inszenierung von ukrainischen Schauspielern, eine Frauenklinik in Mariupol, ein Versammlungsort für Terroristen, die Ukrainer seien es, die Wohngebäude beschießen und zerstören; nicht wir, die Russen, sind in die Ukraine einmarschiert, es ist die Ukraine, die uns bedroht. Man muss sich ein wenig mit der Geschichte dieses tapferen Volkes befassen, um zu verstehen, wie großartig dieses Volk reagiert, wie entschieden und tapfer es sich dem Aggressor entgegenstellt und bereit ist, seine Freiheit zu verteidigen. In den Gedankenspielen Putins war die Ukraine nie etwas anderes als ein Teil Russlands. Die entscheidenden Schritte zur ukrainischen Selbständigkeit hat er zwar selbst erlebt und auch mit seiner Unterschrift besiegelt, doch akzeptiert hat er diese Entwicklung nie. Er war so sehr seiner historischen Fiktion verhaftet, dass er wirklich glaubte, in Kiew einmarschieren und als Befreier gefeiert werden zu können. In den vielen Jahren, in denen ich regelmäßig in der Ukraine unterwegs war, erlebte ich die Entwicklung von einer altgewohnten russischen Anhänglichkeit hin zur Selbstfindung in Freiheit und zunehmender Prosperität. Die geistige Geburt eines in die Freiheit entlassenen Staates habe ich mit großer Bewunderung und mit grenzenloser Anteilnahme miterlebt. Russland musste sich von dieser Entwicklung bedroht fühlen, von der aufbrechenden Freiheit des Geistes, von der wirtschaftlichen Entwicklung. Was hatte Russland entgegenzusetzen? Ausschließlich eine rückwärtsgewandte zaristische Obrigkeitspolitik auf dem Boden von Angst und Lügen.

Was die Hilfe für die Ukraine betrifft, höre ich die Worte aus dem Munde des Kanzlers: „Alle Hilfsmaßnahmen sind mit unseren Partnern abgesprochen; es darf keinen deutschen Alleingang geben." Diese Logik erschließt sich für mich nicht, vor allem vor dem Hintergrund früherer deutscher Alleingänge. Von 1941 bis 1943 war Kiew von deutschen Truppen besetzt. Am 29. September 1941 wurden an einem Tag mehr als 30 000 Juden erschossen (Babyn Jar). Ende 1941: Die sich mehr und mehr nähernde Rote Armee zeigte an, dass sich die Deutschen in Kiew nicht länger werden halten können. Es begann der deutsche Rückzug, begleitet von dem deutschen Vorhaben, Kiew zu evakuieren, Kiew auszulöschen. Über eine Million Kiewer Bürger wurden nach Deutschland zwangsdeportiert, über 800 000 on ihnen starben bei der Zwangsarbeit, im KZ oder sie verhungerten auf dem langen Weg nach Deutschland. Man könnte den deutschen Alleingang damals mit manchen Details „ausschmücken", doch kaum einer will es hören, geschweige, sich in die ukrainische Geschichte vertiefen. Ein deutscher Alleingang im Sinne der Verantwortungswahrnehmung zum Erhalt von Frieden und Freiheit wäre dringend geboten.

Ich bin immer mehr davon überzeugt, dass der Westen einen gravierenden Fehler macht, indem er sich zum Zuschauer dieser Tragödie macht und diese Rolle grundsätzlich festschreibt. Uneins ist er lediglich in der Einschätzung der Ziele, die Russland anstrebt: Will er die ganze Ukraine? Nur den östlichen Teil oder auch den Süden? Was wird er sich nehmen? Wir haben nichts dagegen zu setzen außer Angst und Schwäche und Putin weiß das, er weiß, dass er sich nehmen kann, was er will. Wir sind Zuschauer und wir lassen alles zu: Das Wüten der Bestie und den langsamen Tod eines tapferen Volkes. Wir lassen es zu! Der Westen hat nicht begriffen, worum es in Wahrheit geht; es ist ein Kampf der Kulturen! An dem Versagen, an der Angst und der Mutlosigkeit im Hier und Jetzt werden wir lange zu verdauen haben!

„Wandel durch Handel"

Wie ein politisches „Vademecum" begleitete die Formel vom Wandel durch Handel über Jahrzehnte das außenpolitische Denken. Es waren Sozialdemokraten im Umfeld von Willy Brandt, allen voran Egon Bahr, die Möglichkeiten und Wege ersannen, sich aus der Starre des kalten Krieges zu lösen und dem herrschenden Misstrauen durch eigene Initiative etwas Vertrauensbildendes entgegenzusetzen. Die Möglichkeiten wirtschaftlicher Avancen boten sich an, zumal erkennbar war, dass die wirtschaftlichen Bemühungen auf der anderen Seite des eisernen Vorhangs systembedingt schwerfällig und wenig erfolgreich vonstatten gingen. Eine Möglichkeit, die vor allem von den Vereinigten Staaten verfolgt wurde, war es, den Ostblock wirtschaftlich in die Enge zu treiben, dem kommunistischen System also die Position der Stärke entgegenzuhalten und es mit wirtschaftlicher Überlegenheit in die Knie zu zwingen. Es wundert nicht, dass der Stärke und den verschiedenen Formen ihrer Demonstration oft mehr Zustimmung entgegengebracht wird als politischen Überlegungen, die mit leiseren Tönen vorgetragen werden und eher den Anschein von Schwäche vermitteln. So geschehen mit der Formel: „Wandel durch Annäherung" oder später vereinfacht: „Wandel durch Handel". Man misstraute ihr; nicht, weil man die eigenen wirtschaftlichen Möglichkeiten in Zweifel zog, sondern weil sich das im kommunistischen System vermutete Böse so übermächtig präsentierte. Man war der Meinung, dass nur Stärke diesem Bösen Stand halten könne. Die Idee „Wandel durch Handel" war nun mal in der Welt; sie wurde mit großer Überzeugung von den Einen und mit schroffer Ablehnung von den Anderen hin und her überlegt, mit vielen Argumenten abgewogen, doch es gelang nicht, die bleibenden Vorbehalte auszuräumen. Entscheidend war das herrschende Misstrauen auf beiden Seiten des eisernen Vorhangs. Dabei schien die Ideologie des kommunistischen Systems wie in Beton gegossen, rigide, abwehrend und unzugänglich. Es herrschte die Kälte der Unnahbarkeit und der Angst. Aus dieser Situation heraus ist die Idee entstanden, durch Handelsangebote eine Annäherung zu erreichen und auf diese Weise das herrschende Misstrauen abzubauen.

Der Kniefall von Willy Brandt in Warschau am 7.12.1970 kam für alle unerwartet. An seiner Aufrichtigkeit und Ernsthaftigkeit zweifelte kaum einer. Vor dem Hintergrund der deutschen Verbrechen in Polen stand zeichenhaft die Bitte um Vergebung im Raum, als erstes und wirkliches Zeichen einer Annäherung. Wer hat die Größe als erster die Hand zu reichen? Nur die absichtslose Aufrichtigkeit des ersten Schrittes vermag zu überzeugen und den Beginn eines gemeinsamen Weges zu markieren. In den Anfängen geht es darum, Vertrauen zu gewinnen. Nur Vertrauen kann der Einstieg in einen neuen Abschnitt einer Beziehung sein. Auf der Basis des Vertrauens realisiert sich dann der Handel, der die Notwendigkeit beinhaltet, das Vertrauen in jedem Akt und in jedem Vorhaben neu zu rechtfertigen. In diesem sich festigenden Vertrauen ist schließlich Wandel möglich. Die These vom „Wandel durch Handel" verliert jedoch in dieser plakativen Verkürzung ihre ursprüngliche Bedeutung. Einen Wandel herbeizuführen war das eigentliche Ziel aber zunächst durch nichts anderes als durch Vertrauen, das es zu erwerben galt: „Wandel durch Vertrauen". Der Handel ist nichts anderes als das Substrat, in dem Sich Vertrauen zu bewähren hat.

Die Klärung der begrifflichen Zuständigkeiten erschien mir wichtig, ist doch inzwischen nicht mehr klar, was sich wandeln soll und ob wir es gar sind, an denen sich ein fundamentaler Wandel vollzieht bzw. vollzogen hat. Ferner kann man den Eindruck gewinnen, dass der Handel ein Maß an Wichtigkeit angenommen hat, das jede Frage an das Vertrauen verstummen lässt. Während damals die These „Wandel durch Annäherung" in ihrer reinen und aufrichtigen Art zur Lösung eines großen, weltbewegenden Problems beigetragen hat, steht heute zu befürchten, dass die verkürzte Begrifflichkeit dieser These die Entstehung eines neuen weltweiten Problems mitverursacht hat. Ein florierender, profitabler Handel hat sich vermeintlich sinngebend in den Vordergrund gedrängt und mit einem dämonisierenden Absolutheitsanspruch sämtliche Denkpositionen besetzt. Damals war es der Versuch, in der Zeit einer bedrückenden Sprachlosigkeit den Zugang zur Gegenseite durch vertrauensbildende Maßnahmen zu gewinnen und damit einen Wandel in der emotionalen Eiszeit zu bewirken. Weil dies offensichtlich gelungen war, ist diese These mit dem Siegel „geprüft" und „zertifiziert" in die diplomatische Propädeutik aufgenommen worden. Man übernahm sie blind, ohne zu hinterfragen, welcher Gesinnung der Handelspartner eigentlich ist, inwieweit das Vertrauen überhaupt gerechtfertigt ist. Es hätte wohl doch genügend Anhaltspunkte gegeben, die nicht nur die eigentlichen Interessen der jeweiligen Handelspartner offenlegten, sondern auch ihre Gesinnung hinsichtlich Staatsräson und Menschenrechte erkennen ließen.

Mehr und mehr reduzierte sich diplomatisches Anliegen auf die Initiierung und Belebung des Handels in der unreflektierten Vorstellung, dass Handel allein schon die Positivität einer Beziehung garantiere. Andere Kriterien blieben entweder unausgesprochen oder verloren angesichts der Wichtigkeit des Handels ihre Bedeutung. Der Wandel, als das ursprüngliche Ziel des Handels wurde stillschweigend aber umso entschiedener abgelöst durch den Profit. Wie eine überschwappende Welle brach der Lobbyismus in das dahingleitende Schiff diplomatischer Bemühungen. Die auf allen Gebieten angestrebte Maximierung des Profits sorgte für einen gewissen politischen und moralischen Sensibilitätsverlust. Über mögliche Konsequenzen brauchte man nicht nachzudenken; die vermeintliche Problemlosigkeit dieser profitablen Geschäfte war schließlich hinterlegt mit dem selbstzufriedenen Gefühl scheinbar erreichter Friedfertigkeit. Der zählbare Profit wandelte sich schließlich in eine lähmende, ja tödliche Abhängigkeit.

Man begann nach den Anfängen des Krieges gegen die Ukraine, die These vom Wandel durch Handel aus der Sicht der aktuellen Erfahrung abschließend zu bewerten. Dabei ist allerdings zu fragen, in Bezug auf welche geschichtliche Situation eine solche Bewertung vorgenommen werden soll. Bei dem Versuch, eine Annäherung zwischen zwei feindselig gegenüberstehenden Mächten zu erreichen, war, wie die Geschichte zeigt, diese Vorgehensweise durchaus erfolgreich, nicht allein deshalb, weil die Idee einer inneren Logik folgte. Es ging darum, Vertrauen entstehen zu lassen. Es war der Versuch, ein erstarrtes, totalitär agierendes politisches System für Gespräche und ein gemeinsames Handeln zu öffnen. Es war die Glaubwürdigkeit, mit der diese Idee in die politischen Auseinandersetzungen eingebracht wurde, die schließlich den Erfolg möglich gemacht hat.

Falsch wäre es, diese These als ein Zauberwort mit zeitlich und situativ beliebiger Einsetzbarkeit zu verstehen. Schon allein die erforderliche

Glaubwürdigkeit spricht dafür, dass die Absicht in Bezug auf eine konkrete Situation glaubhaft vermittelt werden muss. Bedauerlicherweise wurde die Idee seiner Glaubwürdigkeit beraubt und wurde damit zur Methode. Das Bewusstsein ist auf den Handel gerichtet, was zählt ist der Profit. Mit der Fokussierung auf den Profit erlischt die Fähigkeit, das Umfeld wahrzunehmen, in dem sich die Idee bewähren kann und bewähren muss.

Wie wehrhaft ist die Demokratie?

Wie eine Diktatur, ein autokratisches System funktioniert, zeigt der von Putin geführte Krieg in der Ukraine. Er sitzt in Russland an den Hebeln der Macht: Zusammen mit einer Mannschaft, die er sich gefügig gemacht hat, setzt er konsequent um, was seinen Vorstellungen und seinem Willen entspricht. Er allein entscheidet, ob und wann etwas notwendig und geboten ist und so geschieht es dann auch. Vom Gedanken zur Tat bedarf es oft nur eines Anrufs von höchster Stelle.

In der Demokratie geht es um den Willen des Volkes. Dadurch dass die Regierung vom Volk gewählt ist, repräsentiert sie den Willen des Volkes, doch sie repräsentiert das Volk auch hinsichtlich seiner Meinungsvielfalt. Vom Willen zur Umsetzung ist es nicht nur ein Schritt, vielmehr sind viele Schritte erforderlich, um einen eindeutigen Willen entstehen zu lassen. Zur Umsetzung bedarf es dann vieler weiterer Schritte. Vom Gedanken zur Tat bedarf es eines oft langen Weges von endlosen Beratungen und Beschlussfassungen.

Die Stärke der Diktatur liegt zweifellos in ihrer Handlungsstringenz, in ihrer Schlagfertigkeit und ihrem Reaktionsvermögen. Sowohl der Machthaber als auch seine Entscheidungen sind sakrosankt. Sie vernachlässigen, ja sie missachten die Rechte und Ansprüche der Bürger, die gleichsam entrechtet sind, dem Willen und der Beliebigkeit von oben ausgeliefert. Angesichts der Zielsetzungen der Obrigkeit sind sie nichts anderes als Mittel zum Zweck. Dabei ist zu bedenken, dass die Entscheidungen nur eines einzigen Mannes die Geschicke eines ganzen Volkes lenkt und leitet im Jetzt, doch auch mit allen Folgen für die Zukunft, geopolitisch, wirtschaftlich, sozial, kulturell. Alles geschieht am Volk vorbei; ohne irgendeine Kontrolle, ohne geduldete Widerstände. Doch was auch passiert, die Folgen im Jetzt und in der Zukunft hat das Volk zu tragen.

In der aktuellen politischen Situation, die gekennzeichnet ist von der völkerrechtswidrigen militärischen Invasion der Russen in der Ukraine resultiert daraus folgendes Bild: Putin ist der Akteur, der die Fäden des Handelns in den Händen hält. Wie das Kaninchen vor der Schlange beobachtet der Westen aufmerksam Putins nächste Schritte. Es wird spekuliert: Was wird er tun? Was will er erreichen? Welche Mittel wird er einsetzen? Wie weit wird er gehen? Der Westen unternimmt alles, um den Frieden zu bewahren, sich nicht auf einen Krieg einzulassen. Fast demütigend ist seine Bereitschaft, Gespräche zu führen und sich an langen Tischen vorführen zu lassen. Damit es nicht als Schwäche missverstanden wird, verweist er auf seine militärischen Möglichkeiten. Zugleich macht er klar, dass er sich an einem Krieg in der Ukraine nicht aktiv beteiligen wird.

Man kann verschiedener Meinung sein, ob diese Entscheidung richtig ist oder falsch. Entscheidend ist, dass die Gründe, die zu dieser Entscheidung geführt haben, verständlich sind und den Willen erkennen lassen, nach schmerzhafter Erfahrung in Europa keinen neuen Krieg entstehen zu lassen. Nun aber ist Krieg und der Westen ist in der Rolle des Zuschauers.

Es ist ein barbarischer Krieg, ein teuflischer Plan mit der Zielsetzung, die Ukraine zu entstaatlichen, die ukrainische Identität auszulöschen. Unter dem Eindruck unvorstellbarer Zerstörung, unzähliger ziviler Opfer und grausamer Kriegsverbrechen entsteht in den angrenzenden Nachbarländern, so auch in Deutschland, eine Welle der Hilfsbereitschaft als Ausdruck der Betroffenheit und des Mitgefühls. Die Übereinstimmung in der Beurteilung dieses unmoralischen Vorgehens, dieses Bruchs mit dem Völkerrecht mit der sich daraus ergebenden gemeinschaftlichen Antwort in Form von privat organisierter Hilfe und ehrenamtlicher Initiativen zeigt, wie stark und entschieden Menschen aus sich selbst heraus, ohne Anordnung von oben reagieren können. Diese Feststellung ist insofern wichtig, als es sich um Aktionen und spontan organisierten Gemeinschaftsleistungen aus einer freiheitlichen demokratischen Ordnung heraus handelt. Es zeigt, wozu der Mensch in Freiheit fähig ist.

Die Reaktion der Politik ist in der Feststellung des Sachverhaltes eindeutig, indem der von Russland begonnene Krieg vehement verurteilt wird. Hinsichtlich dessen aber, wie politisch reagiert werden soll, besteht Uneinigkeit, Zurückhaltung (Macron: „man darf Putin nicht demütigen"), ängstliches Zögern (Scholz: ängstlich, zögernd, immer wieder in deutlicher Divergenz von Wort und Tat) und die Bereitschaft zu Waffenlieferungen und logistischer Hilfe (USA, Polen, Großbritannien, Slowakei, Baltische Staaten u. a.).

Aus russischer Sicht kam es schon wenige Tage nach Beginn der Invasion zu der ernüchternden Einsicht, dass der ursprüngliche Plan mit der Einnahme von Kiew nicht aufging; die Truppen zogen sich zurück. Der Eindruck von Schwäche musste aber vermieden werden, also aktivierte man das Atomwaffenarsenal. Diese Aktion des Kremls führte zum völligen Erstarren des Westens („bloß keine Demütigung Putins", „bloß keinen Atomkrieg!"). In der Tat, es ist entsetzlich, an eine solche Möglichkeit zu denken. Nun ist aber die Atomwaffe in der Welt; sie kann und darf nicht das Ende jeder politischen Bemühung bedeuten. Politik beruht auf der Einschätzung der Lage und auf der Einschätzung des Gegners. Es ist völlig abwegig zu glauben, dass es bei Putin irgendeines Anlasses bedarf; er agiert nach sehr eigenwilliger Beurteilung der Lage. Jede Schwäche versteht er auszunützen. Nur Stärke vermag er ernst zu nehmen. Putin versteht genau, dass der Anfang eines Atomkrieges sehr schnell auch sein Ende bedeuten würde. Es darf nicht sein, dass Angst den Westen soweit lähmt, dass er aufhört zu denken. Die Atomwaffe ist in der Welt; wir müssen lernen, damit umzugehen. Der Westen muss selbst lernen, dass dem Bösen nur mit Entschlossenheit und klarem Willen beizukommen ist. Der Westen muss lernen zu handeln, muss lernen rote Linien einzuziehen und darf sich nicht ständig vorführen lassen! Der Westen hat Grund, auf die eigene Stärke zu bauen und seine Stärke ist die Freiheit! Der Blick in die Welt zeigt doch, wie wichtig es ist, eine klare und eindeutige Haltung gegenüber dem Wert der Freiheit einzunehmen. Die Wichtigkeit des Wertes „Freiheit" duldet es nicht, sich in die Passivität abdrängen zu lassen. Dem Westen fehlt es so oft an dieser Überzeugung. Dem Ängstlichen aber gehört nicht die Welt!

Die Stärke der Demokratie spiegelt sich in den Rechten der Bürger. Die Gewährleistung und die Einhaltung der Menschen- und Persönlichkeitsrechte sind elementar. Die zugesicherte Freiheit vollzieht sich im Schutz staatlicher Rechtsverbindlichkeit. Zu den Stärken der Demokratie gehört zweifellos eine Lebensform, die reich ist an persönlichen Inhalten und kultureller Kreativität. Es mag schwer sein, angesichts einer solchen Charakterisierung von Schwächen zu reden, doch es gibt sie und immer wieder wird es eine Aufgabe sein, sich mit ihnen auseinander zu setzen.

Es sind nicht wenige Länder, in denen wir immer wieder angehalten sind, die Einhaltung der Menschenrechte einzufordern. Weltweit geschieht großes Unrecht im Lichte wie auch im Schatten des öffentlichen Bewusstseins. Es scheint nur eine Möglichkeit zu geben, dieses furchtbare Leid zu ertragen, indem man es aus seinem Alltag ausblendet. Mit dem Argument „das Leben muss ja weitergehen" wendet man sich der eigenen Wirklichkeit zu und Probleme hat man ja schließlich auch.

Seit 77 Jahren leben wir in Frieden und Sicherheit und darüber hinaus in einer Freiheit, die uns zur Gewissheit und wohl auch zur Gewohnheit geworden ist. Nun tendiert Gewohnheit dazu, die soziale Sensorik zu beeinträchtigen hinsichtlich Sensibilität und Reagibilität. In Bezug auf die Freiheit bedeutet dies, dass sie, was ihre Inanspruchnahme angeht, durchaus geschätzt wird, dass aber die Kräfte, die sie hervorbringen, nach und nach erlahmen. Zu diesen Kräften und Verhaltensweisen zählen: Respekt, Disziplin, Rücksicht, Aufmerksamkeit, Mitgefühl.

So sind wir dazu übergegangen, Freiheiten zu konsumieren, statt sie zu produzieren. Das Charakteristische am Konsumentendasein ist sein Bekenntnis zur Ideologie des Wachstums. Ein Wachstum zur schnellen und verlässlichen Erfüllung der Wünsche. Ein zentrales Thema im Zusammenhang mit diesen Vorstellungen von Wunsch und Wachstum ist das Glück. Im vermeintlichen Besitz der

Freiheit ist man ständig auf der Suche nach dem Glück. Man glaubt gar ein Anrecht auf das Glück zu haben. Dieses Junktim von Freiheit und Glück in seinem unkontrollierten Streben beschädigt den hohen Wert der Freiheit und degradiert ihn immer mehr zur Spielwiese der Eigeninteressen. So wundert es nicht, dass die gelebte Sorglosigkeit in der lange währenden Zeit demokratischer Selbstverständlichkeit zu einer Verrohung des sozialen Miteinanders führen muss, vor allem dann, wenn Bildungsaufgaben auf nahezu allen Ebenen nicht mehr in gebotener Weise wahrgenommen werden.

Freiheit, die nicht immer wieder geschult und deren wahre Bedeutung nicht immer wieder aufs Neue bewusst gemacht wird, beginnt gegenteilige Kräfte freizusetzen, indem sie über ihre gebotenen Grenzen hinaus Ansprüche geltend macht und beginnt, das gesellschaftliche Zusammenleben zu beeinträchtigen, Menschen zu bedrängen, sie gar zu manipulieren und sie zu terrorisieren. Wie alles, was nicht geübt und wachgehalten wird, erlahmt im allgemeine Bewusstsein hinsichtlich seiner elementaren Lebensbedingungen. Damit Freiheit ihren eigentlichen Wert behält, muss sie im solidaren Bewusstsein praktiziert und geschätzt werden. Zu leicht geht verloren, was nicht geschätzt wird.

Sorglosigkeit über eine lange Zeit hinweg verführt dazu, das Leben so zu sehen, wie es sein könnte, und wie man es sehen möchte, doch nicht so, wie es wirklich ist. Das erste, was einen bewegt, wenn Probleme oder Störungen auftreten, ist der Gedanke, warum es nicht friedlich, angenehm und „harmonisch" weitergehen kann. Mit Träumen wird versucht, die Annehmlichkeiten vertrauter Gewohnheiten weiterzudenken, Träume, die es ersparen, sich der Wirklichkeit stellen zu müssen. Weil man ein Recht auf das Angenehme des „Weiter so" zu haben glaubt, beginnt man, sich für dieses Recht einzusetzen. Man demonstriert und großartig ist es, zu sehen, dass man Mitstreiter hat, dass man nicht allein ist; das Gefühl des Gemeinsamen ist so stark, dass man die Sinnhaftigkeit des Angestrebten nicht mehr hinterfragen muss. Man ist in einer Welt, die man mit anderen teilt und im Teilen glaubt man, ein Stück Wahrheit zu erleben, ohne nach den Beweggründen und der Gesinnung der anderen fragen zu müssen. Man lässt sich mitreißen, obwohl die anderen immer stärker ihre Rechte einfordern und mit ihren Forderungen und ihren immer bedrohlicheren Aktionen gerade die Basis in Frage stellen, die Garant ist für die Freiheit und eben die Rechte, die sie mit ihrer Demonstration in Anspruch nehmen. Man lässt sich verführen von den Schlecht-Rednern und irgendwann ist man überzeugt, dass alles schlecht ist, gemessen an den Träumen von einer anderen Wirklichkeit. So ist man bereit, die gewährte Freiheit zu kolportieren, wenn es um die Durchsetzung der eigenen, wirklichkeitswidrigen Ansprüche geht. Ein bekannt gewordener Ausspruch eines AfD-Abgeordneten:

„Je schlechter es dem Volk geht, desto besser geht es uns". Deshalb gefährden die Schlechtmacher den demokratischen Zusammenhalt, insbesondere diejenigen, die das demokratische Bewusstsein absichtsvoll denunzieren.

Eine Demokratie vermittelt mit ihren gewährten Rechten mancherlei Annehmlichkeiten. Es ist allerdings die Gefahr, sie nur als Garant von Annehmlichkeiten zu verstehen. Letztendlich sind es die Träume, die einer Demokratie den Boden für eine konstruktive Eigenstabilität entziehen. Es ist ein sich hochaddierender Realitätsverlust, der die Demokratie schwächt, weil Wirklichkeiten nicht mehr wahrgenommen bzw. bewusst negiert werden. Es ist, als würde man ständig nur nehmen ohne etwas zu geben. Demokratie aber lebt von der Bereitschaft, zu geben, von der Ausgewogenheit von Rechten und Pflichten. So ist auch der Frieden nicht das Resultats eines Traums sondern das Resultat der Ausgewogenheit zwischen Geben und Nehmen in der Verlässlichkeit einzuhaltender Regeln, von Verträgen und Abmachungen. Deshalb war es so schwer vorstellbar, dass in Europa ein Krieg ausbricht. Gegen alle Abmachungen und Verträge wurde die Ausgewogenheit von Geben und Nehmen verlassen zugunsten eines regelwidrigen Nehmens nur weil man sich stark genug fühlte, sich über das Regelwerk hinwegzusetzen. Solange es Menschen gibt, solange wird es Putins, Stalins, Hitlers, Mussolinis geben, Menschen also, die sich selbstherrlich über alle Regeln hinwegsetzen und gerade in der Zerstörung des Gewachsenen eigene Größe suchen. Der Einbruch des Bösen in die Welt der Friedfertigen ist ebenso Realität wie die Erfahrung, dass sich einige faszinieren lassen von dieser Art von Größe.

Vielleicht ist es gar nicht so schwer, die latente Affinität zu Russland all derer zu erklären, die mit aller Macht versuchen, sich selbst, ihre Vorstellungen und Anliegen in den Mittelpunkt zu rücken. Es ist geradezu vorbildlich und verführerisch einfach, wie das in einer Diktatur gelingt, zum Mittelpunkt zu werden. Ebenso erklärt sich das Phänomen der Putin-Versteher. Man sucht die Nähe zur Größe und schon meint man, selbst groß zu sein. Man beobachte genau, wie Gerhard Schröder Putin begrüßt, wie er sich an ihn klammert, ihn vereinnahmt – nicht umgekehrt. Putin erscheint ihnen und ihm wie eine imaginäre Kraftquelle.

Freiheit, als die Stärke der Demokratie scheint gleichzeitig ihre Schwäche zu sein. Man liebt sie, aber man hört irgendwann auf, sie zu schätzen. Wirkliche Freiheit beinhaltet die Verpflichtung, sie zu verantworten, sie gewinnbringend in das Gemeinschaftsleben einzubringen. Freiheit bezieht sich auf die einzelne Person; insofern ist jede einzelne Person gefordert, die in Anspruch genommene Freiheit zu verantworten bzw. sie zu rechtfertigen. Entscheidungen zur Freiheit sind so gesehen immer bewusste Entscheidungen. Als Einzelperson aber will man nicht immer in der Posi-

tion sein, eigene Entscheidungen treffen, vertreten
und verantworten zu müssen, was im besonderen
Fall Zivilcourage erfordern würde. Das dürfte der
Grund dafür sein, dass sich der Mensch gerne an
eine Gruppe anschließt, an Vereine, Verbindungen,
Parteien oder auch an einfache Trends, Trends der
Mode oder des Zeitgeistes. Man ist also bereit, sich
anderen Meinungen, anderen Gepflogenheiten und
Wertevorstellungen anzuschließen. Das allerdings
führt nicht selten dazu, dass man den Zugang zu
eigenen Entscheidungsprozessen entweder aufgibt
oder ganz verliert. Verloren geht das „Selbst"; man
wird einer von vielen und nur das profillose „Ich"
bleibt, welches ohne die verlässlichen Koordinaten,
als Leitlinien des konstruktiven Zusammenlebens
nur noch bestrebt ist, seine eigenen Bedürfnisse
zufrieden zu stellen. Die Bedeutung der Demokratie lebt aber vom Bewusstsein und von der Verlässlichkeit eines jeden einzelnen.

Die konstruktiven Faktoren des gesellschaftlichen Zusammenlebens, die man in ihrer Ganzheit
als soziale Kompetenz bezeichnen kann, sind in
einer Demokratie abhängig vom Verhalten und von
der Einstellung jeder Einzelperson. Was nun die
Demokratie stark oder schwach erscheinen lässt,
resultiert aus der Summe der Einzelentscheidungen
Was bedeutet das für die heutige Situation? Kurz
nach dem Einmarsch der Russen in die Ukraine
war das Entsetzen groß angesichts der rüden Art
des Völkerrechtsbruches: Unvorstellbar, unmora-

lisch, zynisch verwerflich, abgründig. Es bestand große Einigkeit in der Bereitschaft zur bedingungslosen Hilfe. Die vielen Flüchtlinge zu versorgen war das eine, die finanzielle und militärische Hilfe ein anderes. Was letzteres anging, war die Politik durchaus bereit, von der Übereistimmung der öffentlichen Meinung zu lernen. Anfangs das großmündige Statement „Russland darf den Krieg nicht gewinnen", erst später dann wurde die Glaubwürdigkeit dieser Entschlossenheit in Form verzögerter Waffenlieferungen nachgereicht. Deutschland wurde die Wichtigkeit einer entschlossenen Führung plötzlich bewusst bzw. es wurde deutlich, welche Verunsicherung von einer ängstlichen und unentschlossenen Regierung ausging. Umso wichtiger ist die Einsicht, entschlossen und mutig, mit klarem und eindeutigem Wort anzuzeigen, wo man steht und wofür man bereit ist, sich einzusetzen.

Die oben skizzierten Schwächen der Demokratie beginnen sich in unterschiedlicher Weise zu bewahrheiten. Wir sprachen von Träumen bzw. einem Wunschdenken, mit dem versucht wird, sich der Realität des Krieges zu entziehen und mit allen erdenklichen Vorschlägen dem Krieg ein Ende zu setzen. Das Ziel dieser Gedanken steht so unverrückbar im Mittelpunkt, dass über die Konsequenzen der einzelnen Vorschläge nicht mehr nachgedacht wird. Ein Vorschlag greift pazifistisches Gedankengut auf nach der Vorstellung, man müsse mit Putin reden und mehr auf die Interessen Russlands eingehen. Wie oben ausgeführt ist träumen Ausdruck eines Realitätsverlustes. Allein die Art und Weise, wie Putin in der Ukraine vorgeht, zeigt, wie sehr er gewillt ist, sein Ziel zu erreichen. Jeder „Friedenskompromiss" zum jetzigen Zeitpunkt ist ein Friedensdiktat zuungunsten der Ukrainer mit konsekutiver Entrechtung, Unterjochung und Entmündigung. Dieser Form von Pazifismus muss man jedes Realitätsbewusstsein und jede Sach- und Geschichtskenntnis absprechen. Es handelt sich um eine Form von Bequemlichkeitspazifismus nach der Vorstellung, man könne sich des Unliebsamen entledigen, indem man einfach die Augen schließt. So wird es nicht gelingen, die Demokratie wehrhaft zu verteidigen.

Ein Zitat von Peter Sloterdijk: *„Die Bewohner der wohlhabenden Nationen schlafwandeln zumeist im unpolitischen Pazifismus. Sie verbringen ihre Tage in einer vergoldeten Unzufriedenheit."*

Eine andere Form demokratischer Schwäche ist anzusprechen, zugleich aber zu hoffen, dass sie sich nicht bewahrheiten wird: Mit Entsetzen und Abscheu wurde das Vorgehen Putins in den Anfängen des Krieges aufgenommen. Die Reaktionen wurden ausführlich beschrieben. Es wurde gezeigt, wie sich das öffentliche Bewusstsein in der Sorglosigkeit demokratischer Selbstverständlichkeit ändern kann. Die Unmittelbarkeit des Krieges scheint jedoch angesichts zunehmender wirtschaftlicher und ökologischer Probleme in den Hintergrund zu rücken. Die entstehenden Probleme nehmen mehr und mehr existenziell bedrohliche Formen an. Man sagt es so einfach, dass Solidarität dort beginnt, wo es schmerzhaft wird, wie aber sieht die Realität aus? Wie soll das Bewusstsein wachgehalten werden: Hier die Not, dort Tod oder Leben und die Entscheidung darüber: Freiheit oder Versklavung! Der Krieg dauert an und immer weiter geschieht das Unvorstellbare. Es wird versucht, ein Land vor unseren Augen auszulöschen – heute, im 21. Jahrhundert!

Es ist alles gesagt. Dennoch will ich noch auf einen Punkt zu sprechen kommen, der mir im Vergleich Demokratie/Diktatur wesentlich erscheint. Es war die Rede davon, dass man sich die Schwächen der Demokratie immer wieder vor Augen führen muss. Für die Politik sind jene Repräsentanten zuständig, die in regelmäßigen Abständen vom Volk gewählt werden. Aus der Reihe der Gewählten rekrutieren, wiederum durch entsprechende Wahlen, Kanzler und Minister, die die politischen Geschäfte zu führen haben und für jede zu treffende Entscheidungen verantwortlich sind. Entscheidungen zu treffen ist die verantwortungsvolle Aufgabe der an der Front stehenden Politiker. Gelegentlich wird es notwendig sein, Entscheidungen auch gegen den Druck der Öffentlichkeit durchzusetzen. Nicht selten jedoch entsteht der Eindruck, dass Politiker nicht immer der Versuchung widerstehen können, die eigene Wiederwahl zum entscheidenden Argument zu machen. So erklärt sich, dass wichtige Entscheidungen unterbleiben und oft auf zukunftsweisende Neuerungen verzichtet wird. Der Demokratie ist somit ein gewisses Trägheitsmoment immanent.

Man sollte sich aber bewusst machen, dass sich hinter dieser Schwäche ein gewisser Schutz verbirgt. Das strikte und konsequente Handlungsumsetzungsmodell der Diktatur birgt die Gefahr, dass ein ganzes Volk durch den fehlgeleiteten Willen eines Menschen ins Verderben geführt wird mit weitreichenden Konsequenzen auch für andere Völker und Nationen, wie es derzeit der Fall ist. In einer Demokratie wird die unmittelbare Umsetzung einer derart unglückseligen Einzelentscheidung durch das letztgültige Votum des Parlaments verunmöglicht. Ist nun die Demokratie schwach oder stark? Für den einzelnen Bürger ist es, sowohl in der Diktatur als auch in einer Demokratie entscheidend, wachsam zu sein und den Mut zur eigenen Entscheidung zu haben. Die Schwierigkeit, mit der dies in einer Diktatur möglich ist, zeigt noch einmal in besonderer Weise den Wert der Freiheit. Die Leichtigkeit, mit der dies in einer Demokratie möglich ist, zeigt jedoch auch, dass in der Selbstverständlichkeit ihrer Wahrnehmung Werte verloren gehen können.

Krieg in Europa

Den völkerrechtswidrigen Überfall Russlands auf die Ukraine kann man doch nicht Krieg nennen. Ein Krieg ist eine feindselige Auseinandersetzung zwischen zwei Parteien, die so lange in zerstörerischer Absicht geführt wird, bis eine Seite Unterlegenheit signalisiert mit dem Ziel, in Verhandlungen zu einer beiderseitig akzeptierten Einigung einzutreten. Dieser Krieg ist kein Krieg! Es ist ein Genozid, die Hinrichtung eines Volkes, vor laufender Kamera, die Welt schaut zu. Was auf der einen Seite möglich ist: Tod von Zivilisten, Verschleppung und Folterung, Zerstörung der Infrastruktur, Auslöschen ganzer Städte, Diebstahl von Erntegütern; all dies findet nur auf einer Seite statt. Warum eigentlich? Auf russischer Seite fiel noch kein Schuss! Ist das ein Krieg? Darf sich die Ukraine nicht wehren? Wenn sie einen Anschlag verübt auf eigenem, von Russland völkerrechtswidrig annektiertem Territorium, dann wird die Ukraine des Terrorismus bezichtigt. Wie widersinnig ist das?

Die Ukraine wird gegen alle Rechte und Absprachen angegriffen; ihre Existenz steht auf dem Spiel. Sie darf sich zwar verteidigen, aber sie darf russisches Gebiet nicht angreifen, zumindest nicht mit den Waffen, die sie vom Westen erhält. Sie darf nicht russische Nachschubwege, nicht Waffendepots, nicht russische Flughäfen attackieren, ohne die

Einstellung der westlichen Militärhilfe zu riskieren. Was ist das für ein beschämendes Spiel des Westens, der mit aller Überzeugung argumentiert, die Ukraine würde auch seine Freiheit verteidigen. Bei einem solchen Krieg, der kein Krieg ist, kann es kein friedliches Ende geben. Denn dort, wo die Möglichkeiten des Krieges ungerecht sind, werden es auch die Friedensbedingungen sein.

Wir dürfen Russland nicht reizen, Putin nicht demütigen. So hört man. Wir aber schauen zu, während Putin einem Volk das Existenzrecht abspricht, während er dieses Volk nicht nur demütigt sondern versucht, es Schritt für Schritt auszulöschen. Putin behauptet, dass die Ukraine Russland angegriffen hätte, dass sich folglich Russland hätte mit dem Angriff vom 24. Februar 2022 verteidigen müssen. Natürlich hat die Ukraine Russland nicht angegriffen. Aber so, wie bei Putin zwischen Wahrheit und Lüge nicht sicher unterschieden werden kann, wird man ihm zugestehen müssen, sich angegriffen gefühlt zu haben. In unmittelbarer Nachbarschaft zum russischen Autokraten Putin, der sein Land immer mehr in die Abhängigkeit eines rückwärtsgewandten Staatsmonopols treibt, weht in der Ukraine der Geist der Erneuerung, der Freiheit, der Eigenverantwortung. Noch ist die Ukraine dabei, den Staub alter sozialistischer Gewohnheiten aus den Kleidern zu schütteln und den Kampf gegen Korruption und Parteigerangel aufzunehmen; doch überall sprießt, für jeden sichtbar, der Wille zu einem neuen Verstehen von Freiheit und Verantwortung. Weil sich Putin von dieser Freiheit bedroht fühlt – für Putin gibt es nichts Bedrohlicheres als die Freiheit; niemand aber bedroht ihn wirklich außer den in Geheimdienstzeiten gereiften Angstautomatismen – deshalb bombardiert er Charkiw, das ehemalige Herz der Ukraine mit 30 Universitäten und Fachschulen, mit mehr als 100 000 Studenten; er zielt bewusst auf das Zentrum einer überzeugten, willensstarken und lebenshungrigen Zukunftsgestaltung.

Die Angstszenarien aus Geheimdienstzeiten lassen in ihm Bilder wie Fata-Morgana-Erscheinungen aus alten Zeiten entstehen, Bilder imperialer Größe, als die Ukraine noch Teil der UdSSR war, aber schon damals mit unbestreitbar eigener politischer und wirtschaftlicher Führungsstärke agierte. Doch damals standen diese Kräfte noch angstfrei der eigenen Absicht zur Verfügung und diese Absicht bestand einzig im Fortbestand des großen russischen Imperiums. Seit 30 Jahren aber geht die Ukraine ihre eigenen Wege und sie nützt das Potential von Natur und geistigem Gestaltungswillen, um ihren Bürgern ein würdiges Leben in Freiheit und Wohlstand zu gewährleisten. Die Angst vor der ukrainischen Überlegenheit ist also nicht neu. Während die Zaren Russlands die Ukrainer als Brudervolk schätzten und respektierten, bestanden in der Sowjetzeit starke Tendenzen, die Ukraine nicht nur zu vereinnahmen, sondern die Menschen dort in die Rolle des „Brudervolkes" zu zwingen. Unter Stalin starben in den Jahren 1931 bis 1933 millionenfach Menschen an Hunger (Holodomor); 100000-fach wurde die Elite und der Klerus nach Sibirien deportiert. Putin hat sich die Denkart von Lenin und Stalin zu eigen gemacht und ist besessen von der Vorstellung ehemaliger sowjetischer Größe.

Um die Leiden der Menschen in der Ukraine richtig einschätzen zu können, muss man an dieser Stelle den Fortgang der Geschichte weiterverfolgen, denn kaum zehn Jahre später hielt die deutsche Wehrmacht große Teile der Ukraine besetzt; der Kampf um Kiew war mörderisch und war begleitet von zahlreichen Kriegsverbrechen von Seiten der Deutschen. Die Wehrmacht unterstützte die SS-Sonderkommandos bei ihrer systematischen Ermordung der Juden. Am 29. und 30. September 1941 waren es in Kiew 33000 jüdische Männer, Frauen und Kinder, die in Babyn Jar ermordet wurden. Der Zusammenbruch der Ostfront bedeutete das Ende der deutschen Besetzung der Ukraine und von Kiew. Die Deutschen verfolgten beim Rückzug das Ziel, die Stadt Kiew auszulöschen. Über eine Million Ukrainer starben im Rahmen ihrer Deportation zur Zwangsarbeit nach Deutschland. Ohne ein Wissen über das „Gestern" wird man das „Heute" nicht in seinem vollen Umfang verstehen können.

Nein, Putin geht es nicht um den Menschen, es geht ihm um Macht. Er sorgt nicht für die ihm anvertrauten Menschen, er missbraucht sie für seine Zwecke. Mit der Blaupause aus Nazi-Zeiten verfolgt er seine Ziele. Eine seiner größten Lügen ist die, Nazis in den Reihen ukrainischer Politiker auszumachen. Aus der Zeit des Geheimdienstes ist ihm das Gefühl ständiger Bedrohung geblieben und nicht weniger die Bereitschaft zur unverhohlenen Lüge und zur Täuschung. Wie kein anderer versteht er die Kunst der psychologischen Kriegsführung. Sein Verwirrspiel mit der Wahrheit zerstört jede Möglichkeit einer Übereinkunft hinsichtlich Gesinnung und Moral. Den im Westen agierenden Populisten und Nationalisten fühlt er sich verbunden, eben jenen, die mit Verallgemeinerungen und Pauschalierungen die Wahrheit mit Füßen treten, denn Wahrheit findet sich nur in der Mühe des Details. Seine aktuelle Kriegsstrategie ist teuflisch: Er führt einen Krieg gegen Zivilisten, er zerstört die Infrastruktur, um jedes menschliche Leben zu verunmöglichen. Er will die Erde, das Land, nicht die Menschen; wenn dann die ukrainischen Menschen getötet sind, wenn sie geflohen oder verschleppt sein werden, dann wird das Land geduldig und widerstandslos die Titulierung „Russki Mir" ertragen, so, wie es Putin vorschwebt. Die russischen Bürger in ihrem Mutterland sind nicht mehr Teil einer freien Gesellschaft sondern rechtloser Teil eines anonymen Staates. Spätestens zum Zeitpunkt der Teil-Mobilmachung wurde das erschreckend deutlich. Es muss furchtbar sein, irgendwann morgens aufzuwachen und überall ist nur noch Staat, Macht, Kontrolle, Zwang, Nötigung, Angst.

Die Menschen in der Ukraine kämpfen um ihre Freiheit, um ihre Identität, die man ihnen nehmen will. Während Putin nach Belieben alle Mittel einsetzt, die Existenz der Ukraine zu zerstören, bleibt der Westen in besorgter Erwartungshaltung, was werden Putins nächste Schritte sein? Wird er eskalieren? Welche Möglichkeiten hat er? Welche wird er einsetzen? Wird er sich für Atomwaffen entscheiden? Die westlichen Überlegungen folgen dem Grundsatz, nicht Kriegspartei zu werden. Es ist eine sonderbare Konstellation: Putin, als ein überzeugter Geheimdienstler, jongliert mit den Mitteln der Macht, droht gelegentlich gar mit dem Einsatz von Atomwaffen. Der Westen sieht in der derzeitigen geopolitischen Lage eine Konfrontation zwischen Freiheit und demokratischer Rechtsstaatlichkeit einerseits und autoritären Staatsmonopolen andererseits. Was aber, und das ist das Problem des Westens, muss der Westen zum Erhalt und zur Gewährleistung von Freiheit einsetzen? Auf der einen Seite will der Westen nicht Kriegspartei werden, auf der anderen Seite betont er zurecht, dass die Ukraine dabei ist, die Freiheitsrechte des Westens zu verteidigen. Daraus leitet sich ab, dass es in diesem Krieg auch um unsere Freiheit geht! Es ist keine Frage des Völkerrechts, dass einem angegriffenen Land alle Unterstützung zuteil werden kann und muss. Dabei geht es um die Hilfe bei der

Verteidigung gegenüber dem Angreifer. Irreführend ist der Begriff „Kriegspartei", denn immerhin unterstützen wir den Krieg und fraglos zielt unser Interesse hinsichtlich des Kriegsverlaufs auf einen ukrainischen Erfolg. Weil die Freiheit auf dem Spiel steht, sollten wir opferbereit sein und sollten die Probleme, die wir derzeit auf Grund der Inflation und der Energiekrise zu bewältigen haben, eindeutig dem Freiheitskampf zuordnen, den die Ukrainer pars pro toto, eben und gerade auch für uns, mit unsagbar großen Opfern führen müssen.

Immer wieder wird argumentiert, man müsse zur Diplomatie zurückkehren und mit den Waffenlieferungen aufhören, damit das Töten endlich ein Ende findet. Vor allem, wenn es bei der Kürze dieser Argumentation bleibt, ist dieser Vorschlag bestechend einfach und erscheint durchaus nobel. Angesichts einer so überzeugend vorgetragenen Friedensliebe, ist es nicht leicht, den Weg zur Logik der Realität zu finden. Wenn der Ukraine die Möglichkeit der Verteidigung genommen würde, müsste die Ukraine zwangsläufig kapitulieren und einem Diktatfrieden zustimmen. Kaum vorstellbar, was die Menschen in der Ukraine zu leiden hätten. Schon jetzt ist in den annektierten Gebieten ukrainisch als Amtssprache verboten. Allein schon, zu sehen, wie Russland mit der eigenen Bevölkerung umgeht, lässt erahnen, was mit der Ukraine geschieht, der Putin das Existenzrecht abgesprochen hat. Die Ukraine hörte auf zu existieren; das Land wird zu einem Teil

Russlands. Das Ende der Waffenlieferungen bedeutete die Sanktionierung der russischen Vorgehensweise, eine Sanktionierung der Macht gegenüber dem Recht, eine Absage an die bestehende Weltordnung, einen Einstieg in Willkür, Gesetzlosigkeit und Angst.

Ein weiteres Argument populistischer Einfältigkeit verbirgt sich in der Forderung, Nord Stream 2 zu öffnen. Man habe dann endlich wieder Gas und sei alle Energieprobleme los. Es handelt sich um eine Denkweise aus dem Nähkasten „America First". „Zuerst komme ich". Daraus folgernd wird argumentiert: Die gegen Russland gerichteten Sanktionen dürften Deutschland nicht schwerer treffen, oder noch bündiger formuliert: Schluss mit dem Wirtschaftskrieg gegen Russland, er schadet uns mehr! Es wird dabei vergessen, dass wirtschaftliche Sanktionen gegen andere Länder immer auch Einschnitte in der eigenen Wirtschaftsbilanz bedeuten. Außerdem zeigt sich gerade in der Bereitschaft, Nachteile hinzunehmen die Opferwilligkeit, wenn es um derart existenzielle Fragen wie die der Freiheit geht.

Bei allem Nachdenken und Resümieren über diesen „Krieg" sollte man die Beweggründe und das teuflische Vorgehen dieses verirrten Menschen bzw. der durch ihn indoktrinierten Clique nicht vergessen. Ein ganzes Land wird überfallen, Zivilisten tausendfach ermordet, verwundet, verschleppt, gefoltert und gedemütigt; blühende Städte werden bombardiert und zerstört, die Lebensgrundlage der Menschen vernichtet – und nur, weil ein Mann es will! Es ist ein Mensch der nicht bereit und Willens ist, sich in eine Ordnung zu fügen. Es gibt für ihn keine Grenzen, die er zu berücksichtigen hätte. Er wird nicht zulassen, dass irgendjemand ihn an seinen Absichten hindert. Er hat gelernt unaufhaltsam seinen Weg zu gehen.

Während wir das bedenken, sterben Menschen, leiden Menschen an ihren Wunden, werden Frauen vergewaltigt, Menschen verschleppt und das Leid hört nicht auf! Und auch darum geht es: Überall klebt Lüge und Täuschung! Wir müssen über uns hinausdenken und uns für die Reinheit des Wortes einsetzen. Es reicht nicht, Angst zu haben vor Atomwaffen, vor einem möglichen Krieg; wenn wir uns für die Klarheit und Reinheit der Dinge einsetzen, dann verfliegt die Angst, dann wissen wir, wann wir handeln müssen und wann es geboten ist Widerstand zu leisten – nicht in populistischer Einfältigkeit sondern im klaren Bewusstsein der Werte, um die es geht.

Die Rolle des Kanzlers

Der Bundeskanzler ist hinsichtlich der Festlegung politischer Positionen weisungsbefugt und er bestimmt die Richtlinien des politischen Handelns im Inneren wie im Äußeren. Dieser Einfluss auf das politische Geschehen im In- und Ausland ist essentiell zumal aus der Sicht Europas von Deutschland eine immer größere Bereitschaft erwartet wird, Führungsaufgaben zu übernehmen und politische Verantwortung zu tragen. Nicht unwesentlich ist der Einfluss eines Kanzlers auf die öffentliche Meinungsbildung, ist er doch von der Mehrheit des Parlaments gewählt und zwar von einem Parteienkonsortium, das die Mehrheit der Bevölkerung repräsentiert. Er steht damit nicht nur im Mittelpunkt der öffentlichen Meinung, sondern ist nicht weniger treibende Kraft in der Meinungsbildung im In- und Ausland. Mit seiner Politik prägt er wesentlich das Bild, das sich andere Nationen von Deutschland machen. Die Medien begleiten und fordern ihn, sie sorgen für Reichweite und Resonanz. So gesehen kann die Rolle eines Bundeskanzlers hinsichtlich seiner informellen, politischen und charakterlichen Wirkung gar nicht überschätzt werden.

Nun ist die Position des Kanzlers in der derzeitigen Regierung gewiss nicht einfach, wird er doch als Vertreter der SPD geradezu in die Zange genommen von zwei Parteien, die gegensätzlicher nicht sein können. Auf der einen Seite die Grünen als ideologisierte Friedens- und Klimapartei, auf der anderen Seite die Liberalen als eine der Wirtschaft nahestehende ideologisierte, kindlich naive Freiheitspartei. Da steht er dann, der zur Emotion Getriebene, der überängstliche Problemverweigerer, der selbstgerechte Sturkopf Olaf Scholz, unser derzeitiger Bundeskanzler. Kann man einem Menschen vertrauen, der sich an Gespräche über Cum-Ex-Geschäfte, die er, wie er sagt, schon immer als kriminell eingeschätzt haben will, nicht mehr erinnert, obwohl es sich dabei um Millionen Beträge gehandelt hat? Kann man der Handlungsentschlossenheit eines Menschen vertrauen, der sich in den Tagen übelsten Vandalismus und hemmungsloser Brandstiftung ins Abseits der Sprachlosigkeit zurückzieht? Kann man einem Menschen Glauben schenken, der große Dinge verkündet, bei ihrer Umsetzung jedoch mutlos zögert, ja sich so sehr mit einer klaren Handlungsabsicht zurückhält, dass man seine Ankündigungen schon als irreführende Beschwichtigungen oder gar als Täuschung bezeichnen könnte. Er mag in vielen Dingen kleinlich sein und überaus akkurat gelten, doch verbirgt sich hinter dieser Starrköpfigkeit und Zaghaftigkeit nicht ein fehlendes Selbstvertrauen? Manche mögen es für Besonnenheit halten, doch steht zu befürchten, dass er mit diesen charakterlichen Eigenschaften nicht über die Fähigkeit verfügt, sach- und zeitgerecht zu handeln bzw. eine Nation zu führen.

Kann ein Kanzler Führungsverantwortung übernehmen, wenn er Alleingänge grundsätzlich ablehnt? Ist er nur bereit, im Schutz von Anderen zu handeln; ist er also immer um Rückendeckung bemüht und auf eine kollektive Entlastung angewiesen? Bei seinen politischen Entscheidungen hat er stets die öffentliche Meinung im Visier. Er will beliebt sein. Natürlich kennt er die öffentliche Meinung nicht genau, doch kennt er die Stimmung im Volk und die ist gekennzeichnet von einer grenzenlosen Freiheitsverliebtheit. Er weiß auch, dass das Volk in dieser Freiheitsliebe keine Unruhe duldet, die die liebgewordenen Gewohnheiten stören könnte. Die Beteuerung also, Deutschland dürfe in den Krieg nicht verwickelt werden, kommt der öffentlichen Stimmungslage sehr entgegen und erfüllt die Ansprüche der Gesellschaft, ohne auf das eigentlich brennende Problem der bedrohten Freiheit eingehen zu müssen. Was sich daraus schlussfolgern lässt, ist einigermaßen bedenklich: Denn nicht er ist es, der das Volk führt, sondern die Stimmung des Volkes ist es, die ihn führt und über sein Reden und Handeln mitentscheidet. So sehr diese Einflussnahme auch Gewicht haben mag, bleibt sie doch weitgehend unerkannt in der erregungsarmen Art seiner Dienstverrichtung. Olaf Scholz erweckt den Eindruck eines hart gekochten Eis, beständig in seiner Form, ohne jede Erregbarkeit, ohne jeden energetischen Austausch zwischen dem Äußeren und einem verfestigten Inneren. Denkt man dann an die noch frischen Eier innerhalb der Regierungsriege, so unterschiedlich sie auch sein mögen, dann entdeckt man viel Potential, viel Unfertiges zwar doch hoch Energetisches, voller Entschlossenheit, mit starkem Bewegungsdrang und unbeugsamer Zukunftsgewissheit. Die Regierung ist Leben, der Kanzler, blutleere Form.

Reicht das? In einer Zeit sich auftürmender Probleme, in einer Zeit großer Gefährdungen, in einer Zeit von Krieg, Lügen und propagandistischen Umtrieben? Wie wichtig Form, Konstanz und Kontinuität sind, zeigen die 70 Jahre Regentschaft von Königin Elisabeth II. Die Argumentation, sie hätte damit keinen Einfluss genommen weder auf wichtige politische Entscheidungen (Brexit) noch auf einschneidende historische Entwicklungen (Annexion der Krim, als Beispiel), lässt außer Acht, dass es zu keiner Zeit ihre Aufgabe war, politische Entscheidungen zu treffen oder Einfluss zu nehmen auf weltpolitische Entwicklungen. Gerade die Art, wie sie Verantwortung wahrgenommen hat, zeigt, dass sie ihre Aufgabe vielmehr darin sah, für eine innere Stabilität ihres Königreiches Sorge zu tragen. Mit ihrem überzeugend gelebten Vorbild rechtfertigte sie nicht nur die Institution des Königshauses, sondern wurde zu einer Instanz der Glaubwürdigkeit und zu einer Autorität, die Orientierung gab: Sozial, moralisch, wertbeständig. Es geht um die Eigenstabilität eines „Schiffes", damit es steuerbar bleibt, damit es bei der Fahrt durch die Geschichte auch stürmische Zeiten ungefährdet übersteht.

Die Aufgabe eines Kanzlers ist eine andere. Er ist Akteur; er handelt, er entscheidet, er stellt die Segel. Dabei ist er nicht allein, eine ganze Mannschaft hat er um sich, doch er ist es, der Richtung und Ziel bestimmt. Man könnte meinen, dass damit alles gesagt und seine Aufgabe hinreichend gewürdigt ist. Nein, er ist nicht nur Kapitän eines Schiffes, Lenker einer Nation oder Streiter auf internationalem Parkett, ganz entscheidend ist die Art und Weise, wie er mit dieser Aufgabe umgeht. Ist er nur ein hart gekochtes Ei, dessen einzige Konstante Form und Fertigkeit des Inhalts sind oder ist er erfüllt von zukunftsorientiertem Tatendrang und mitteilsamer Arbeitsdynamik. Mit den zu treffenden Entscheidungen trägt er Verantwortung für ein ganzes Volk, für unzählige Menschen, nicht weniger aber für einzelne Gruppen, für Arme und Bedürftige, für Minderheiten ebenso wie für ganze Wirtschaftsbereiche, für Groß- und Kleinverdiener, für Alte wie für Kranke und Behinderte, eben für alles, was der Aufmerksamkeit und des Schutzes bedarf. Die letzte Verantwortung trägt der Kanzler. Damit ist gesagt, dass er nicht irgendwo, weit entfernt von den alltäglichen Problemen, gleichsam im luftleeren Raum agiert, sondern mit unmittelbaren Konsequenzen für jeden Einzelnen im Hier und Jetzt.

Vor diesem Hintergrund erscheint die Aufgabe eines Kanzlers in einem Licht, das weit über das hinausgeht, was die politische Agenda von ihm verlangt. Angesichts der Tragweite seiner Verantwortung und seiner Entscheidungen müsste ihn seine Tätigkeit sehr nahe an das Volk rücken. Der Umstand aber, dass er vom Parlament und nur indirekt vom Volk gewählt wird, bedingt eine scheinbar größere Rechtfertigungspflicht gegenüber dem Parlament als gegenüber dem Volk. Immerhin könnte das eine Erklärung dafür sein, dass sich Kanzler generell in einer gewissen Distanz zum Volk aufhalten. Merkel und Scholz sind sich da nicht unähnlich. Mit dem Anspruch des Führens verbindet sich die Aufgabe, Führung auch spürbar zu machen. Im Führen muss demzufolge die Kraft der Glaubwürdigkeit und der Verlässlichkeit erkennbar sein. Die Art des Führens entscheidet darüber, inwieweit die getroffenen Entscheidungen geeignet sind, Zuversicht und Vertrauen entstehen zu lassen. Erkennbares Führen, das ist die wesentliche Aufgabe eines Kanzlers. Voraussetzung hierfür ist die Tragfähigkeit des Wortes, die Glaubwürdigkeit des Versprechens, die Schlüssigkeit des Gesagten, die Übereinstimmung von Realität und Entscheidungsinhalt und nicht zuletzt die Volksnähe, die sich in dem Bemühen zeigt, Probleme verständlich zu machen, Entscheidungen zu erklären und zu begründen; d. h. zusammenfassend das Bedürfnis der Volksnähe glaubhaft zu vermitteln.

Vor diesem Hintergrund stellen sich einige Fragen aus der aktuellen Tagespolitik. Es ist sicher nicht einfach, Lösungen für die vielen Probleme zu finden, mit denen die Regierenden derzeit konfrontiert werden. Je schwankender ein Schiff, desto klarer, eindeutiger und beherzter muss die Ansage des Kapitäns sein. Je angespannter die wirtschaftliche Lage ist, desto vertrauensbildender und überzeugender müssen die Entscheidungen ausfallen, um Ängsten entgegenzuwirken und Agitatoren von links und rechts den Boden zu entziehen. In dieser Regierungskoalition hat es der Kanzler gewiss nicht leicht. Bedenkt man allein schon die AKW-Laufzeiten. Auf der einen Seite grüne Ideologie, die daran hindert, das Problem der Energiekrise realistisch einzuschätzen, auf der anderen Seite ein Mann, der mit Arroganz, Überheblichkeit und seiner neoliberalen Wirtschaftsvernarrtheit über alle Absprachen und Bindungen hinweg seine Ziele verfolgt. Umso mehr bräuchte Deutschland eine Führung, einen Kanzler der die Zügel entschieden in die Hände nimmt und Vertrauen und Zuversicht vermittelt, die Probleme der Krise im Auge hat, mit dem klaren Willen, sie zu bewältigen.

Am Beginn des russischen Krieges gegen die Ukraine sagte der Kanzler: „Russland darf den Krieg nicht gewinnen". Ein Satz, der ungeteilte Zustimmung verdient. Zurecht wird bei jeder Gelegenheit betont, worum es in diesem Krieg geht. Es geht um die Freiheit, nicht nur um die Freiheit und die Existenz der Ukraine, es geht auch um unsere Freiheit, um den Bestand unserer demokratischen Ordnung. Jeder konnte nun sehen, wie schwer sich der Kanzler tat, die Ukraine militärisch zu unterstützen. Es wäre in diesem Zusammenhang ungerecht, allein die fünftausend Helme zu erwähnen, denn Deutschland hat immer auch geliefert, zögerlich zwar und immer wieder mit Argumenten, die weder die Ukrainer zufrieden stellen, noch den Tatendrang des Kanzlers überzeugend belegen können: „Die Bundeswehr hat nicht mehr"; „würden wir mehr geben, gefährdeten wir unsere eigene Sicherheit"; „wir liefern – nächstes Jahr". Immer wieder wird betont, um was es in diesem Krieg geht und immer wieder: „Putin darf den Krieg nicht gewinnen". Das Verhalten des Bundeskanzlers vermittelt den Eindruck, dass den Gefahren, die von Russland unter Putin ausgehen, mit einfachen Sprüchen zu begegnen ist. Dabei geht es um Sein und Nicht-Sein, um Leben und Tod; nicht zuletzt sagt uns das ein Blick nach Russland, in den Iran, nach Myanmar oder nach China. Der Kremlgegner Michail Borissovic Chodorkowski beendete ein Interview mit dem Satz: „Die Menschen im Westen sind sich nicht mehr bewusst, dass man beim Kampf um die Freiheit sein Leben verlieren kann".

Es wiederholt sich: Mit einem „Doppel-Wums" wird die Strompreisbremse angekündigt. Die konkrete Ausarbeitung scheitert zum einen am mangelnden Durchsetzungsvermögen des Kanzlers, andererseits am Finanzminister, der in gewohnter Weise und in kaum zu überbietender Rigorosität über Kollegen hinweggeht. Die sich abzeichnende Schwäche der Koalition ist im Wesentlichen eine Schwäche des Mannes, der versprochen hatte, dass derjenige Führung bekommen wird, der Führung haben will. Es erweist sich jetzt, dass gerade Führung nicht zu den Stärken des Kanzlers zählt.

Was wir in dieser Zeit nötig haben, ist das Vertrauen in eine Regierung, die fähig ist, Vertrauen zu vermitteln, die Entscheidungen fällt, die den propagandistischen Negationen Stand hält und klare Wege erkennen lässt, die Mut macht und gerade dort vorbildlich ist, wo die Menschen beginnen zu klagen und beginnen den Mut zu verlieren. Wir brauchen nicht den starken Mann, wir brauchen eine Regierung, die die Stärke der Demokratie glaubhaft vermittelt. Dazu gehören konsequentes Handeln, verstehbarer und nachvollziehbarer Umgang mit den Problemen, Glaubwürdigkeit und Verlässlichkeit und schließlich Kongruenz von Wort und Tat.

Aus dem Gesagten ergibt sich eine weitere Konsequenz von großer Tragweite. Es ist unbestritten, dass wir es mit einer Krise zu tun haben, die, bei aller Komplexität der sie verursachenden Faktoren, für jeden Einzelnen mit erheblichen wirtschaftlichen Einbußen verbunden ist. Viele führt sie an die Grenzen ihrer finanziellen Belastbarkeit, manch einem droht der Ruin. Der Krieg, den Russland in der Ukraine führt, hat die Bewusstseinslage der westlichen Zivilisationen grundlegend verändert. Der Krieg, der in erster Linie Tod, Leid und Schmerz bei den Menschen in der Ukraine bedeutet, hat mit der auf Europa abzielenden Kriegsführung Russlands die in vielen Bereichen spürbare Krise hervorgerufen. Betroffen ist die Energieversorgung, die Wirtschaft, die Finanzen mit einer kaum zu kontrollierenden Inflation und einer Preissteigerung, die vielen Haushalten zum Problem wird. Es gehört wohl zum Kalkül Putins, die Solidarität der Europäer mit der Ukraine durch propagandistische Fehlinformation und Forcierung der Krise zu unterlaufen. Das Schiff ist ins Schwanken geraten: Es ist an der Regierung, durch vertrauensbildende Entscheidungen Ruhe entstehen zu lassen und die Zuversicht zu vermitteln, dass die Krise bewältigt werden kann. Unabhängig von den Mitteln, die die Regierung ergreift, hängt es davon ab, wie sie mit den Mitteln umgeht, sollen sie wirklich erfolgreich sein. Erst vernimmt man den Doppel-Wums, nach langer Pause dann wird die anfängliche Beruhigung angesichts der unvorstellbar hohen Summe von 200 Milliarden schnell wieder zunichte gemacht, weiß doch niemand, was mit diesem Geld geschehen soll. So vergehen Wochen und Monate, die Sorgen der Bürger aber werden größer und größer.

In dieser brennenden Zeit der Ungewissheit bieten die Handlanger Putins einfache Lösungen an: Ende der Sanktionen gegen Russland und damit Beendigung des „Wirtschaftskrieges" gegen Russland; Öffnen der Nord Stream 2, was das Energieproblem lösen würde; Ende der Waffenlieferung an die Ukraine. Bei der Landtagswahl in Niedersachsen kann die AfD erhebliche Zugewinne verbuchen. Ein Erfolg Putins, ein Erfolg der AfD, eine Folge der Führungsschwäche der Regierung. Es ist bedrückend zu sehen, dass eigene Not blind und unempfindlich macht gegenüber dem Leid des Anderen, dass Solidarität dem besseren Wissen nicht standhält, dass Not geeignet ist, Moral zu konterkarieren.

Wie lange hält unsere Solidarität? Wann zeigt der Kanzler wirkliche Führungsqualität?

Das Sicherheitsbedürfnis Russlands

Ein immer wieder ins Feld geführtes Argument Putins ist, dass Russland ein Sicherheitsbedürfnis habe, für das der Westen ein Einsehen haben müsse. Russland fühle sich durch die Osterweiterung der NATO bedroht. Mit seiner Politik müsse er, der Präsident, die Sicherheit Russlands gewährleisten. Erstaunlich ist, wie bedenkenlos westliche Politiker dieser Denkart Folge leisten: Man müsse das Sicherheitsbedürfnis Russlands respektieren; man müsse verstehen, usw. Putin kann sagen, was er will; er kann tun und lassen, was er will, er wird immer Versteher, immer Bewunderer finden. Der Grund hierfür liegt wohl darin, dass Schwäche stets fasziniert ist von (scheinbarer) Stärke, Zaghaftigkeit von Rigorosität und inszenierter Größe. Das Wahre ist immer wieder Opfer des Scheins, das Gewissen Opfer der Gewissen- und Bedenkenlosigkeit. Das Laute und das Frivole übertönen immer wieder den ehrlichen und unverdrossenen Versuch menschlichen Anstands.

Mindestens zweimal unterzeichnete die russische Regierung Verträge, die der Ukraine das Recht auf Souveränität und territoriale Integrität zusicherten (Paris, Budapest). Am 24. Februar 2022 gab Putin den Befehl zur militärischen Eroberung dieses schon längst selbstständigen und unabhängigen Staates. Sein operatives Ziel war, seinen Worten folgend: Die Entnazifizierung und die Entmilitarisierung der Ukraine. Keineswegs ging es dabei um die Realisierung eines Rechtsanspruchs. Es handelte sich um einen eklatanten Rechtsbruch, um einen schnöden Bruch des Völkerrechts. Der Westen und nahezu die gesamte Welt waren empört, geradezu aus einem Schlaf gerissen, einem Schlaf, in dem man glaubte, sich auf ein Mindestmaß an Übereinstimmung hinsichtlich geltender Regeln des Zusammenlebens verlassen zu können. Ein Trugschluss! Skrupellos wird ein Volk überfallen, Menschen getötet, Städte zerstört, Leben geschändet und zunichte gemacht unter Missachtung aller zivilisatorischen Errungenschaften. Der Weckruf fand im Begriff der „Zeitenwende" seine konsequente begriffliche Entsprechung als Ausdruck der Entrüstung und der Entschlossenheit, angemessen zu reagieren. Die täglich vor Augen geführten Folgen des Krieges, das unerträgliche Leid, die Wucht der Zerstörung, die teuflischen Machenschaften, all dies löste eine ungeahnte Welle der Hilfsbereitschaft aus; in jedem Wort und jeder offiziellen Verlautbarung waren die Wut und das Entsetzen über das gewissenlose Vorgehen spürbar. In den ostdeutschen Ländern allerdings und im Verhalten einiger westlicher Politiker änderte sich an der Haltung Putin gegenüber nichts Grundsätzliches. Man dürfe ihn nicht provozieren; man dürfe ihn nicht reizen, ihn nicht herausfordern. In politischen Talkshows ist immer wieder der Satz zu hören: Was die NATO angeht, hätte man doch sehr viele Fehler gemacht. Es wird die Osterweiterung angesprochen, der Irakkrieg und der Balkankrieg erwähnt mit dem durchschaubaren Versuch, den jetzigen Krieg Russlands mit offensichtlichen Fehlentscheidungen des Westens in der unlängsten Vergangenheit zu relativieren oder ihn gar zu legitimieren. Und wenn schon Fehler gemacht wurden: Sind die Ziele, die der Westen verfolgt (Freiheit, Rechtstaatlichkeit, Menschenrechte) weniger wert, weil man Fehler gemacht hat? Ist das Christentum weniger wert, nur weil Fehler gemacht wurden? Entscheidend sind doch die Werte, die wir immer wieder zur Geltung bringen und sie zu verteidigen bereit sein müssen.

Während der Kriegsverlauf aufmerksam beobachtet wurde, stand und steht stets die Frage im Raum: Was wird er als nächstes tun? Wird er gar Atomwaffen einsetzen? In der Einschätzung des unrechtmäßigen Krieges ist man sich einig, doch bleibt Putin im allgemeinen Bewusstsein derjenige, der das Geschehen diktiert. Die Stimmung, die Putin erzeugt gleicht derjenigen einer Klasse, die bei der Rückgabe einer Klassenarbeit erwartungsvoll und ängstlich auf den Lehrer starrt: Wie wird er urteilen, wird er strafen, wird er schimpfen und Konsequenzen ziehen? So, als wenn die Schüler von vornherein annehmen, sie hätten Fehler gemacht, sie würden den Ansprüchen des Lehrers nicht gerecht. Putin wird damit eine Rolle zugedacht, die ihm in keiner Weise zusteht. Bei vielen, die sich im Zusammenhang mit diesem Krieg äußern oder sich zu Wort melden, hat man den Eindruck, sie kennen weder die europäische noch die russische, geschweige die ukrainische Geschichte und schnell stellt man fest, dass das, was sie sagen nicht zu Ende gedacht ist bzw. lediglich eigene Belange, orientiert am eigenen Wunschdenken, widerspiegelt (wie schön wäre es, wenn Frieden wäre, wenn wir uns wieder mit anderen Dingen beschäftigen könnten und wenn uns die Folgen des Krieges nicht weiter belasteten). Nun ist aber das Böse in der Welt und wir stehen vor der Frage, wie gehen wir damit um?

Völkerrechtlich ist es nicht nur erlaubt, sondern gar geboten, einem Land, das widerrechtlich überfallen wurde jedmögliche Hilfe zukommen zu lassen (auch militärische). Das Ausmaß der humanitären Hilfe ist bewundernswert besonders dabei die vielen privat organisierten Hilfsaktionen. Was die Kriegsentwicklung angeht, wird immer deutlicher, dass sich die Ukraine durchaus der Übermacht Russlands erwehren kann, dass es Russland nicht gelingt, die ukrainischen Soldatinnen und Soldaten mit ihrem Mut und ihrer Standhaftigkeit in die Knie zu zwingen. Der Mangel an Waffen und Munition ist offensichtlich; vor allem fehlt strategisches Kriegsgerät, welches der Ukraine die Möglichkeit gibt, sich gegen die widerwärtigen Angriffe auf die Infrastruktur zur Wehr zu setzen. Eine beständige und zuverlässige Kraft sind (wieder einmal) die Vereinigten Staaten. Europa ist und bleibt schwach, beeindruckt von ihren eigenen wortgewaltigen Absichtserklärungen, wirkt es oft wie gelähmt. Trotz aller zivilisatorischen und humanitären Errungenschaften hat Europa bis heute nicht zu ihrer weltgeschichtlichen Bedeutung gefunden. Es gelingt ihm offensichtlich nicht, das eigene Haus mit seinen vielen Aufgaben und Funktionen zur Reifung und Vollendung zu führen.

So gesehen ist auch der deutsche Bundeskanzler ein Europäer; immer wieder betont er, dass er Alleingänge vermeiden will; eine Devise, die nicht die beste Voraussetzung für eine Übernahme von Verantwortung signalisiert. Ihn umgibt eine anhaltende Ängstlichkeit; Angst aber korrumpiert den Geist, das Denken und Handeln und zerrüttet das Selbstvertrauen. Das machtvoll ausgesprochene Wort der Zeitenwende schwächelt bei der Umsetzung zur Tat, wobei Tat schließlich nichts anderes bedeutet als „Reaktion", denn immer wartet der Westen auf die Vorgaben aus dem Kreml. In einer solchen, von Angst gelähmten Zurückhaltung entstehen typischerweise späte, nicht mehr einholbare Einsichten, die zu der bitteren Schlussfolgerung führen: „Ach hätte ich doch!" Hätten wir nicht Grund, bei den Werten, die wir vertreten, etwas selbstsicherer und entschiedener zu sein?!

Vor kurzem haben die Vereinigten Staaten militärische Hilfe in Form von Luftabwehrsystemen (Patriot) angekündigt. Angesichts der massiven Luftschläge gegen die ukrainische Infrastruktur eine dringende, lebensnotwendige militärische Unterstützung. Die Reaktion aus dem Kreml: Putin droht dem Westen! Es zeige sich, wie wenig friedliebend der Westen sei! Putin droht! Zuerst fällt er in ein friedliches Land ein wie ein Einbrecher, wie ein Dieb in der Nacht, zerstört das Land und raubt es aus und dann droht er! Was für eine Chuzpe! Auf welcher Grundlage tut er das? Nach den tagelangen Raketenangriffen auf die Infrastruktur der Ukraine (Kraftwerke, Umschaltstationen, Gasleitungen, Kanalsysteme aber auch Krankenhäuser, Kindergärten, Schulen) erklärte Putin voller Überzeugung, die Ukraine hätten ja angefangen und bezog sich dabei auf den Anschlag auf die Brücke, die die annektierte Halbinsel Krim mit der russischen Stadt Kertsch verbindet, so, als ob dieser Anschlag der Beginn der kriegerischen Auseinandersetzung zwischen Russland und der Ukraine sei. Das erinnert an die Aussage Putins, die er zu Beginn des Krieges machte: „Nicht wir haben die Ukraine angegriffen; wir sind dabei uns zu verteidigen". Wie ist dieses realitätsferne Denken zu erklären? Und auch diese Aussage Putins: „Wir haben keine andere Wahl, als unsere Bürger zu schützen". Welche Bürger will er schützen, die russischen oder die ukrainischen? Von letzteren sagte er, er müsse sie befreien von der Herrschaft der Nazis. Dabei gibt es in seinem Umfeld mehr Nazis als in jedem anderen europäischen Land.

Wir sind gewohnt, Aussagen, die nicht mit der Realität übereinstimmen als Lügen zu bezeichnen. Lügen aber sind bewusste Falschaussagen, Behauptungen also, die wissentlich die Realität leugnen bzw. gegen ihre Inhalte gerichtet sind. Wenn aber Aussagen in voller Übereinstimmung mit dem Bewusstsein getroffen werden, dann wird man nicht von Lügen sprechen können, vielmehr handelt es sich um Aussagen über eine gefühlte Realität als Folge eines instabilen bzw. gespaltenen Bewusstseins. Es ist ein Versuch, die Puzzlesteine der Realität nach Maßgabe des Parallelbewusstseins zusammenzufügen.

Ein solches Parallelbewusstsein entsteht durch das Zusammentreffen charakterlicher Eigenschaften mit Umwelteinflüssen, die die anfänglich bestehende Eigenstabilität des Bewusstseins konsequent und systematisch verformen. Schon in jungen Jahren war es Putins Wunsch, für den russischen Geheimdienst zu arbeiten. Seine frühzeitige Affinität zu staatlichen Machtstrukturen war offensichtlich, möglicherweise motiviert durch das Bedürfnis der verdeckten Einflussnahme, d.h. agieren zu können, ohne die Notwendigkeit, sich selbst erkennen zu geben. Es könnte andererseits das Bedürfnis dahinterstehen, handeln zu können im verbrieften Schutz staatlicher Sicherheit, ein Handeln im Schutz einer a priori legitimierten Überlegenheit. Die Ausbildung zum Geheimdienstoffizier verlief zügig und überaus erfolgreich.

Eine wesentliche Voraussetzung für jede Art von Geheimdiensttätigkeit ist das Misstrauen. Jede wahrgenommene Veränderung ruft Argwohn hervor, liefert Verdachtsmomente, die es zu klären gilt. Immer ist das Gefühl der Bedrohung gegenwärtig, das Gefühl, sich wehren, sich verteidigen zu müssen. In diesem Umfeld von Wahrnehmung und reaktivem Handeln ist alles eine Frage der Deutung und alle Deutung ist ausgerichtet auf den Willen der Obrigkeit. Reichhaltig sind die Mittel, die zur Klärung und Bereinigung von unliebsamen Situationen zur Verfügung stehen. Ein Agent lernt diese Mittel unbefangen einzusetzen, zu enttarnen, zu entlarven, zu täuschen, zu fälschen, zu neutralisieren und er lernt, dass jedes Mittel geheiligt ist durch den Erfolg. Diese Mittel lernte Putin einzusetzen sowohl zur Abwehr einer vermeintlichen Bedrohung als auch als Mittel, die Gegenseite zu schwächen, ihr zu schaden, sie zu verunsichern. Lüge und Bedrohung sind erprobtes Inventar eines vom Gewissen entkoppelten und zugleich staatlich legitimierten Bewusstseins.

Als Offizier des sowjetischen Geheimdienstes, musste er 1991 erleben, wie die Sowjetunion zerfällt. Er kehrte nach glorreichen Jahren, die er nach seinem Befinden stets auf der Seite des Siegers verbracht hatte nach Petersburg zurück, wo er bei seiner Mutter in einer Dreizimmer-Wohnung unterkam. Was er als ein Fallen in die Bedeutungslosigkeit, als Schmach und persönliche Niederlage erfuhr, erlebten die von der marxistischen Diktatur beherrschten Teilstaaten wie eine Befreiung. Während des Kalten Krieges war die Philosophie Moskaus Sinn und Inhalt seines Lebens. Die Größe des Reiches war ebenso überzeugend wie seine siegreiche Präsens im Weltgeschehen. Später einmal wird er einen Satz sagen, der prägend sein wird für sein politisches Verständnis und seine weitere politische Agenda: „Der Zerfall der Sowjetunion ist die größte geopolitische Katastrophe des 20. Jahrhunderts." Er, aus einfachen Verhältnissen stammend, lernte das große Spiel um die Macht kennen. Aus seiner subjektiven Sicht des erlebten Niedergangs, war es ihm nicht möglich, zu einer differenzierteren Einschätzung der politischen Entwicklung zu kommen. Seine jahrelange Tätigkeit bestand darin, Einheit, Größe, Einfluss und Sicherheit dieses Vielvölkerstaates zu sichern. Plötzlich war er weggefegt, aufgelöst, verschwunden und reduziert auf das Mutterland Russland. Während der Jahre seiner Geheimdiensttätigkeit hatte er keinen Grund, über das Wesen und die Besonderheiten dieses Staatskolosses, angeführt von der kommunistischen Einheitspartei, nachzudenken und in dem stets zur Schau getragenen Sieghaften auch die Kehrseite, die Verwundungen und das Elend in den Teilbereichen zu sehen. Seine berufliche Tätigkeit trug mit dazu bei, die Welt ausschließlich aus einer sehr persönlichen Sicht wahrzunehmen. So stand er immer auf einer Seite, die nur einem Aspekt der Realität entsprach. Was er als Sieg und Größe erlebte, erfuhren Andere als Not und Schmach; seine persönliche Erfahrung von Verlust und Niedergang erlebten Andere als Erlösung und Befreiung. Entscheidend ist, dass ihm diese beiden Sichtweisen nicht bewusst wurden und dass die weitere geschichtliche Entwicklung wesentlich zur Entscheidung beitrug, welche der beiden Sichtweisen Gültigkeit behalten sollte.

Von Jelzin wurde Putin zum russischen Präsidenten auserkoren und am Willen des Volkes vorbei in sein Amt eingeführt. Was für eine Ehre, was für eine Verantwortung, zum Präsidenten dieses großartigen russischen Volkes ernannt, gewählt oder berufen zu werden! Wie ist die Besonderheit dieses Volkes zu erfassen, zu begründen, zu beschreiben? Eine im Feuer der Geschichte durch Verschmelzung entstandene Legierung aus Konglomeratartigem Urgestein; ein Volk, das sich in die Weite des Landes geduldig eingebracht, sie kreativ genutzt und schließlich urbanisiert hat. Die Erträge aus fruchtbaren Böden waren für die Menschen lange Zeit wesentlicher Bestandteil der Existenzsicherung, immer mit einem unterwürfigen, schicksalsergebenen Blick nach oben, zu Fürsten, Großfürsten, Patriarchen, Zaren, Revolutionsführern, Diktatoren. Das Ende der Leibeigenschaft 1861 war zwar ein Zeichen der Befreiung, doch änderte sich nicht viel an der schwer lastenden Abhängigkeit von sich ablösenden Obrigkeiten. In der Armut entwickelte sich eine liebenswert melancholische Naturverbundenheit und eine tiefe, fast schwermütige Religiosität. Der große innere Reichtum, genährt und gewachsen in der ständigen Auseinandersetzung zwischen den oft schweren Lebensumständen und der Urgewalt an Lebenswillen und Lebensfreude, zeigt sich in den unzähligen Kulturgütern auf allen Ebenen des Schaffens, in allen Bereichen menschlicher Kreativität. Es sind nicht nur die bekanntesten, Tolstoi und Dostojewski, die auf unterschiedliche Weise das einzigartige Profil des russischen Menschen geprägt haben; Tolstoi, der die russische Seele in seiner ganzen Tiefe und Glaubensstärke erfahrbar machte; und Dostojewski, der ein ungeschöntes Bild vom Menschen mit seinen ungebändigten Leidenschaften und seinen so oft tragischen schicksalhaften Verkettungen gezeichnet hat. Zu denken ist auch an Tschechow, Puschkin, Gontscharow und in jüngerer Zeit an Solschenizyn, die nicht nur die großartige russische Literatur in unser Bewusstsein gebrannt haben, sondern auch eine konkrete Vorstellung von den Lebensverhältnissen der Menschen in der unendlichen Weite des russischen Reiches vermittelt haben. Was wäre die Musik ohne den Reichtum russischer Empfindsamkeit, ohne das Zusammenspiel von einer ungezügelten Leichtigkeit und einem dem schweren Leben trotzenden Gestaltungswillen? Die ganze Welt ist begeistert von Tschaikowski; in allen großen Städten der Welt konnte er seine Musik, selbst am Pult stehend, vorführen, in Paris, New York, Rom und London, vielfach mit Ehrungen und Preisen versehen, mit Ehrendoktorwürden überhäuft! Russland, ein großartiges Land mit großartigen, immer auch gedemütigten und leidenden Menschen! Mit seiner auf Moskau ausgerichteten inneren Gewichtung, mit seiner Politik (vor allem Peter der Große, Katharina II), mit seiner Kultur und Lebensart war Russland stets ein Land, das sich der europäischen Gemeinschaft zugehörig und verbunden fühlte. Der Zweite Weltkrieg und vor allem die vom Kalten Krieg beeinflusste Nachkriegszeit förderte das strikte Ost-West-Denken; auf der einen Seite die Diktatur des Proletariats, das monolithische Auftreten der UdSSR mit der Unterwerfung zahlreicher Völker, auf der anderen Seite des Westens eine Völkergemeinschaft, die sich in der Überzeugung hinsichtlich gemeinsamer Grundwerte zusammengeschlossen hat. Diese Grundwerte beinhalten das Recht auf Freiheit und Freizügigkeit, die Gewaltenteilung innerhalb eines Staates und die Unantastbarkeit der menschlichen Würde.

Der Mauerfall 1989 war der Wegbereiter des Zerfalls der UdSSR im Jahr 1991. Das Gefühl des befreiten Aufatmens war im Westen und Osten gleichermaßen spürbar. Im Westen war es das erlösende Gefühl über das Ende der Bedrohung von außen; im Osten war es das Aufatmen durch das Ende der unmenschlichen, quälenden und zermürbenden Bevormundung durch die rigorosen Staatsorgane. Mit dem Gefühl, endlich wieder frei atmen zu können, fanden unterdrückte Völkergemeinschaften zurück zu ihrer eigenen Identität und auch das russische Volk erlebte das Nachlassen der strangulierenden Kräfte wie eine Befreiung, die Mut machte und Hoffnung gab auf ein neues befreites Leben. Putin war nun Präsident. Auch er hatte eine solche Zeit noch nicht erlebt, eine Zeit mit weitgehend aufgehobenen Kontroll- und Sicherheitsmaßnahmen, mit einer liberalen Exekutive unter dem Wegfall des totalitären Machtanspruchs der Kommunisten. Die so entstandenen Freiräume, die Russland immer mehr an die Grenzen des Ruins brachten, wurden weidlich genutzt von geld- und machthungrigen Unternehmern, die damit begannen, die reichhaltig vorhandenen Rohstoffe ins Ausland zu verkaufen (Erdöl, Erdgas, Kohle, Eisen u. a.) – am Fiskus und damit auch am russischen Volk vorbei. Das Volk wurde immer ärmer, die Oligarchen immer anmaßender und frivoler in der Beanspruchung der Mitsprache in Politik und Wirtschaftsfragen. Putin war einer von ihnen. Die Macht, die er auf diese Weise gewonnen hatte, war zwar eine andere als die, mit der er umzugehen gewohnt war, doch half sie ihm, die Erfahrung des persönlichen Niedergangs zu verarbeiten. Als Präsident konnte er es jedoch nicht zulassen, unter Gleichen die Macht zu teilen; er muss den Anspruch auf die politische, die präsidiale Macht geltend machen! 2003 ließ er Michail Borissovic Chodorkowski verhaften und verurteilen. Auf diese Weise war die ordnende Hierarchie wieder hergestellt. Dass Putin ihn später (2013) begnadigte, spricht wohl dafür, dass er ihn nicht als Oppositionellen betrachtete sondern als ehemaligen Rivalen, bestenfalls. Putin hat damit sein Ziel erreicht: Er hat seine Macht, seinen gestaltenden Anspruch und seinen politischen Einfluss in das Licht präsidialer Dominanz gerückt.

Nun aber musste es weiter gehen, er musste weiterdenken! Dass sein Volk unter wirtschaftlichen und sozialen Problemen zu leiden hatte, war ihm weniger bewusst als der Umstand, dass es jetzt, wo er Präsident ist, an ihm sei, Russland ein neues, geschichtsträchtiges Gesicht zu geben. Es ist an ihm, etwas Großes zu schaffen. Er, selbst aus einfachen Verhältnissen stammend, zum Präsidenten Russlands avanciert, nimmt sich Peter den Großen zum Vorbild, den ersten Kaiser des Russischen Reiches (1721–1725). Es kann für ihn nur eine Richtung geben: Nach oben! In die einsame Höhe historischer Bedeutung! Immer hat er seine jahrelange Tätigkeit im Geheimdienst vor Augen und die unvergleichlichen Mittel und Möglichkeiten als Garant für Gewinn und Erfolg. Im Bewusstsein der erreichten Machtfülle begann er, die Geschichte Russlands zu studieren; neben Peter dem Großen war es Katharina II. die ihm Bewunderung abverlangte. Ganz im Sinne seiner gewohnten Geheimdiensttätigkeit studierte er die Geschichte Russlands nicht, vielmehr legte er sie sich zurecht, nach eigenen Vorstellungen, nach seiner Deutung. Er war besessen von der Vision, derjenige zu sein, der fähig ist, Russlands Größe wieder herzustellen und seine Bedeutung im Weltgeschehen zu verankern. Diese Gedankenspiele vollzogen sich in der Erinnerung an jene Zeiten, in der er die Macht und die Größe „Russlands" spüren konnte, die zugleich seine Größe war. Alte Bilder tauchten auf, Bilder des unlösbaren Ost-West-Konfliktes, Bilder des Misstrauens und der Bedrohung. Es verfestigte sich bei ihm die Vorstellung, dass die Größe Russlands und schließlich seine Existenz gegen die ständige Bedrohung aus dem Westen verteidigt werden muss.

In diesem Raster vollziehen sich Putins Planspiele und vor diesem Hintergrund betreibt er seine präsidiale Agenda. Nicht das Wohl des Bürgers liegt ihm am Herzen, nicht die drückende Armut, die spürbaren sozialen Defizite, das nicht zu korrigierende Gefühl einer ständigen Bedrohung verlangt nach militärischer Stärke, nach Gegenwehr! Um seine Vorhaben wenn nötig auch gegen Widerstände durchsetzen zu können, bedarf es einer linientreuen Legislative und einer straff organisierten Exekutive; er investiert große Summen in das Militär und in einen verlässlich funktionierenden Polizeiapparat. Die Entwicklung zu einem totalitären Staat ist unausweichlich.

Der größte Feind eines totalitären Systems ist die Idee der Freiheit. Putin ist zwar dabei, seine Erfahrungen aus den Zeiten des Kalten Krieges fortzuschreiben und die „Bedrohung" aus dem Westen propagandistisch zu nutzen, doch ist ihm bewusst, dass im Streben nach Freiheit die eigentliche Bedrohung für sein totalitäres System zu sehen ist. Grundsätzlich aber muss man verstehen, dass das Gefühl der Bedrohung in ihm selbst anlasslos als Folge eines über Jahre antrainierten Misstrauens stets präsent ist; es ist von außen weder zu steuern noch zu entkräften. Völlig unsinnig erscheinen vor diesem Hintergrund die immer wieder vorgebrachten Argumente, man dürfe ihn nicht reizen, ihn nicht demütigen. Er tut, was er für notwendig hält, entscheidend ist allein der Erfolg.

Es gibt zahlreiche, aus der Geschichte hergeleitete Argumente, Die Ukraine als ein Brudervolk Russlands zu verstehen. Weit mehr Argumente jedoch zeugen von einem anderen Sachverhalt; historisch gesehen war die Zeit einer gemeinsamen Regierung wesentlich kürzer als die Zeit getrennter Zugehörigkeiten. Den Sieg gegen Nazi-Deutschland haben Russen und Ukrainer gemeinsam errungen. Auch wenn es Putin offensichtlich gelungen ist, Stalin gesellschaftsfähig zu machen, ist es eine Verzerrung der Geschichte, Stalin als den großen Volkshelden und Nazi-Bezwinger zu deklarieren; zum einen waren ukrainische Soldaten gleichermaßen beteiligt, zum anderen waren es die Alliierten in ihrer Gesamtheit, die den Krieg gegen Deutschland gewonnen haben.

Mit dem Zerfall der UdSSR begann für beide Staaten eine neue Zeitrechnung. Auf der einen Seite die Russische Föderation, auf der anderen die Ukraine, die seit 1991 als unabhängiger und selbstständiger Staat Mitglied der Völkergemeinschaft ist. Beide Staaten erlebten nach dem Ende der marxistischen Diktatur chaotische Anfangszeiten mit dem Versuch der Selbstfindung und der Suche nach politischer und wirtschaftlicher Orientierung. Entscheidendes Ereignis für Russland war der Beginn der Präsidentschaft Putins; für die Ukraine war die Maidan-Revolution eine entscheidende Wegmarkierung mit dem Willen eines Neuanfangs. Beide Staaten entwickelten sich in diametral entgegengesetzte Richtungen. Russland erlebt die Neuauflage des totalitären Systems, einer entideologisierten Diktatur, aufbauend auf der historisch begründbaren Größe und scheinbaren Allmacht Russlands, während in der Ukraine der Weg nach Westen eingeschlagen wird mit der Würdigung demokratischer Werte und dem festen Entschluss, der Korruption den Kampf anzusagen und demokratische Verhältnisse zu etablieren. Diesen Weg in die Freiheit konnte man in den letzten Jahren miterleben: In Kiew, in Lwiw (Lemberg), in Odessa, in Charkiw, in Dnipro u. a. Es war wie ein Erwachen nach langer, quälender Nacht und ein Aufbruch in eine befreite Zukunft. In allen Bereichen war diese Zukunft greifbar, in der Politik, der Wirtschaft, der Kultur, der Bildung, der Medizin, des Sports und, das Wichtigste, im Bewusstsein der Menschen. Und eben das ist es: Die Schule der Freiheit unmittelbar vor den Toren Russlands! So sprach Putin nach dem Einmarsch am 24. Februar 2022: „Wir fühlen uns bedroht; nicht wir haben die Ukraine sondern die Ukraine hat uns angegriffen."

In Putins wunschgesteuerten Bewusstsein, in dem er unablässig die Realität neu definiert und interpretiert, scheinen zwei Ziele festgeschrieben: Russland zu einer von ihm erlebten Bedeutung zurückzuführen (immer die damalige UdSSR vor Augen) und sich jeder Bedrohung aus dem Westen zu erwehren (die Ukraine ist ihm der Inbegriff subversiver Absichten). Seit dem 2. Tschetschenienkrieg ist klar, mit welcher Brutalität und menschenverachtenden Rigorosität er seine Ziele verfolgt und auch in Syrien und der Zentralafrikanischen Republik (mit jeweils mehreren tausend Toten) stellte er jenen Zynismus und jene Gewissenlosigkeit unter Beweis, die sich auch jetzt im Krieg gegen die Ukraine bewahrheiten. Weil er bei der Durchsetzung seiner Ziele blind wird gegenüber Anstand, Moral, und zivilisatorischen Normen und die menschlichen Aspekte völlig außer Acht lässt, wird er es nicht schaffen, ein großer Staatsmann zu werden. Wenn wir an Peter den Großen denken, sind unsere Gedanken in Petersburg, in der Eremitage, der Kathedrale „Peter und Paul" und der so prachtvollen Isaak Kathedrale. Die Bauwerke spiegeln die Größe einer Epoche, spiegeln die Ideen und das Wirken bedeutender Menschen. Wie wird es sein, wenn später die Rede sein wird von Putin? Es wird Schweigen sein und unweigerlich werden die Gedanken bei den Toten verharren, immer im Blick die mit Blut getränkte Erde in Butscha. Putin, der Totengräber; der Totengräber der russischen Kultur, der Totengräber der russischen Seele.

Das Böse und das Gift

In seiner großartigen Erzählung „Die schwarze Spinne" beschreibt Jeremias Gotthelf, alias Albert Bitzius, wie das Gift des Bösen in Form einer schwarzen Spinne langsam und betörend von einem ganzen Dorf Besitz ergreift und es schließlich ins Unglück stürzt. Von Thomas Mann wurde diese Erzählung in den Rang bedeutender Weltliteratur erhoben, in erster Linie wohl wegen ihrer literarischen Qualität, nicht zuletzt aber auch wegen ihrer allegorischen Bedeutung. Immer wieder taucht unerwartet und fratzenhaft das Böse auf, in welcher Gestalt auch immer. Während es seine ganze Boshaftigkeit und Niedertracht unverblümt inszeniert, durchströmt das von ihm ausgehende Gift alle Räume und Nischen, frisst sich hinein in jede menschliche Regung, in jede Absicht, in jede Verrichtung, es zerstört das Bewährte und macht alle Ordnungen zunichte. Es gilt, dem Gift Grenzen aufzuzeigen, sich ihm entgegenzustellen, bevor es das schlagende Herz erreicht hat, es lähmt und tötet.

Es herrscht Wohlstand, doch überall zeigen Krisen ihr fratzenhaftes Gesicht. Die lang erhoffte Ruhe will sich nicht einstellen. Nicht ganz weit entfernt, in gefühlter Nähe ist Krieg und nahe dem Wort sind Täuschung und Lüge. Menschen suchen ihr Zuhause; neben helfenden Händen tummeln sich Missgunst und Neid. Noch haben Ordnungshüter das Wort, doch immer greller wird das Unwort auf ihren Fahnen. Im Geschrei erstarrt die Stille. Irgendwo ruft einer: „Wachet auf!"

In dieser Zeit werden Nachrichten aufmerksam verfolgt: Am 31. Oktober 2022 brach ein 42-jähriger Mann in das Wohnhaus von Nancy Pelosi in San Francisco ein, verletzte mit einem Hammer den 82-jährigen Ehemann, Paul Pelosi, so stark, dass er mit lebensgefährlichen Schädelverletzungen in ein Krankenhaus eingeliefert werden musste. Donald Trump Jr. machte sich lustig und postete eine Karikatur: Paul Pelosi beim Analsex mit dem Einbrecher. Im Grunde aber hatte es der Attentäter auf Nancy Pelosi abgesehen, die als demokratische Parlamentssprecherin nach der amerikanischen Verfassung die drittmächtigste Position innehat. Sein Ziel war es, sie zu attackieren und ihr mit dem Hamer die Kniescheiben zu zertrümmern. Eine Republikanerin, wurde interviewt, sie votierte für die Todesstrafe und argumentierte, man müsse ein Exempel statuieren und „die Clinton" enthaupten; sie sei eine Gefahr für Amerika. Einige der republikanischen Gouverneure denken laut darüber nach, ob sie im Falle der Niederlage die Wahl akzeptieren wollen. Große Teile der amerikanischen Bürger haben sich bewaffnet für den Fall eines Bürgerkrieges. Dies sind wenige Momentaufnahmen nur, die eine völlig entgleiste Situation beleuchten, in der sich Amerika kurz vor den Midterm Elections befindet.

Was ist aus Amerika geworden? Es reicht nicht, zu sagen, die Gesellschaft sei gespalten in blau und rot, in Demokraten und Republikaner; es sind wesentliche Voraussetzungen demokratischer Denk- und Verhaltensweisen verloren gegangen, so dass man zurecht fragen muss, ob die Demokratie in Amerika noch Bestand hat. Die Atmosphäre ist inzwischen so vergiftet, dass kaum noch ein vernünftiges politisches Argument Fuß fassen kann. Besser als mit dem Adjektiv „vergiftet" kann man die derzeitige Situation in Amerika nicht beschreiben. Ein Bürgerkrieg ist nicht mehr auszuschließen. Vergiftet, ja, aber wodurch?

Die Antwort: Man ging zu achtlos mit dem Schutz der Wahrheit um. Die Unwahrheit ist angetreten, die Wahrheit zu dämonisieren. Man verließ sich zu sehr auf die Selbstheilungskräfte der Demokratie, gleichsam auf die genetische Selbstregulierung demokratischer Ordnungen. Es gibt aber keine selbstheilenden Kräfte im demokratischen Bewusstsein. Jedes Bewusstsein bedarf der jeweils aktuellen Justierung auf die moralischen, sozialen und gesellschaftlichen Grundwerte. Man hat in Amerika der Unwahrheit Tür und Tor geöffnet, zumindest hat man versäumt, die Türen vor der Unwahrheit zu schließen. Wie ist es möglich, dass Herr Trump und seine republikanische Elite heute noch behaupten können, die Wahl vor zwei Jahren sei gestohlen bzw. gefälscht worden. Das wäre in Deutschland nicht möglich. Mit einer einstweiligen

Verfügung kann eine solche Behauptung untersagt, in einem folgenden Hauptsache-Verfahren gar völlig verboten werden. Man könnte das den Schutz der Wahrheit nennen. Wahrheit, die man nicht schützt, wird der Unwahrheit zum Fraß vorgeworfen. Auch die juristische Aufarbeitung des Sturms auf das Capitol ist bislang mit fragwürdigen Mitteln verhindert worden. Die konsequente Vermeidung der Wahrheit erzeugt schließlich ein tödliches Gift.

Die Notwendigkeit der jeweils aktuellen Justierung der moralischen, sozialen und gesellschaftlichen Grundwerte, beschreibt Jeremias Gotthelf mit folgenden Worten: „Ein Glanz, der ein Zeugnis ist des köstlichen Erbgutes angestammter Reinlichkeit, die alle Tage gepflegt werden muss, der Familienehre gleich, welcher eine einzige unbewachte Stunde Flecken bringen kann, die Blutflecken gleich unauslöschlich bleiben.“

In den USA wird deutlich, wie sich das Gift verbreitet, wie es Zugang findet in alle Bereiche gesellschaftlichen Zusammenlebens, wie es sich ausbreitet, wie es zur Pest wird und wie schwer es ist, der zerstörerischen Kraft entgegenzuwirken. Demokratie mit ihrem Rechtsverständnis und ihrem Menschenbild ist wert verteidigt zu werden. Allerdings macht das Beispiel des heutigen Amerika deutlich: Verteidigung nicht nur gegenüber Einflüssen von außen, sondern Verteidigung im Sinne eines konsequenten und verantwortungsvollen Umgangs mit der Freiheit. Tut also alles zum Schutz der Wahrheit!

Es steht außer Frage, dass die Demokratie auch durch Kräfte von außen bedroht wird. Dies zeigt nicht allein der völkerrechtswidrige Überfall auf die Ukraine und der sich dort vollziehende Genozid. Russland hat erstmalig eingeräumt, Einfluss auf die Wahlen in den USA genommen zu haben bzw. zu nehmen. Dabei wird die Wahrheit relativiert und Unwahrheiten verbreitet. In einer unlängst gehaltenen Rede stellt Putin fest, die Herrschaft des Westens sei vorbei. Er warf dem Westen vor, er wolle die ganze Welt unterwerfen. Russland hingegen wolle keine Hegemonie. „Im Gegensatz zum Westen steigen wir nicht in einen fremden Hof." Allein diese Äußerung zeigt den Umgang mit der Wahrheit. Dieses Narrativ, immer wieder ins Feld geführt, es greift und wirkt: Er fühlt sich angegriffen und legitimiert sich damit selbst, anzugreifen.

Im Umgang mit der Wahrheit gibt es keine Halbheiten, keine Kompromisse. Wo die Wahrheit stirbt, stirbt das Leben. Die Demokratie steht auf dem Spiel! Wir müssen lernen, bewusst und beharrlich im Geist der Wahrheit zu leben!

„Dient einem einzigen Herrn, eurer Wahrheit!"

José Ortega y Gasset

Konsequenzen

Immer wieder betonen wir, insbesondere der Kanzler, dass Russland den Krieg nicht gewinnen dürfe. Was veranlasst ihn, eine solche Aussage zu treffen? Mag sein, dass er und wir im Inneren der Überzeugung sind, dass wir im Falle eines verlorenen Krieges mehr als nur den Krieg verlieren, nämlich unser Selbstverständnis, welches sich auf die demokratischen Werte bezieht, insbesondere auf die Freiheit, ohne die wir uns ein Leben nicht vorstellen können. Putins Krieg richtet sich gegen die Freiheit und wir lassen keine Gelegenheit aus, das zu betonen. Wenn es aber darum geht, diese Freiheit zu verteidigen, dann zögern wir. Hat uns die Freiheit, von der und mit der wir leben so bequem gemacht, dass wir nicht mehr wissen, was zu tun ist, wenn es darum geht, sie zu verteidigen? Sind wir noch fähig, den besonderen und unschätzbaren Wert der Freiheit zu erkennen, als einen Wert, ohne den ein Leben nicht lebenswert ist?

Die Ukraine kämpft gegen einen Aggressor, der, wie ein Dieb in der Nacht, dem Menschen die Freiheit raubt, der alle Regeln missachtet und nicht davor zurückschreckt, die Menschen zu töten. Wir, die wir um den Wert der Freiheit wissen, stehen da und schauen zu, wie Tag für Tag Menschen sterben. Wir sind zwar überzeugt, dass Putin den Krieg nicht gewinnen darf, doch müssen wir auch den Mut haben, zu sagen, warum uns das so wichtig ist: Weil wir nicht bereit sind, unsere Freiheit aufzugeben. Immer wieder stellen wir fest und beklagen, dass Putin es ist, der das Geschehen diktiert, der über den Verlauf des Krieges entscheidet. Während er dem Größenwahn verfallen ist und irgendwelche illusionäre Ziele verfolgt, unter Missachtung aller zivilisatorischen Regeln, muss es dem Westen doch darum gehen, das wertvolle Gut der Freiheit zu bewahren und es zu verteidigen. Aber wir reden und reden. Es scheint uns das Reden so leicht zu fallen, weil es nicht mit Taten unterlegt ist. Was hält uns davon ab, mutig und entschlossen zu bekennen, was für uns unverzichtbar ist? Warum warten wir auf die Vorgaben von Putin? Warum sollte immer der Aggressor die Spielregeln vorgeben? Warum definieren nicht wir rote Linien, die wir nicht überschritten sehen wollen? Es ist schon eine seltsame Konstellation: Einerseits stellen wir fest, dass die Ukraine dabei ist, unsere Freiheit zu verteidigen, andererseits argumentieren wir, wir dürfen in diesen Krieg nicht hineingezogen werden. In einem kürzlichen Interview sagte Chodorkowski, der Westen habe vergessen, dass man bei der Verteidigung der Freiheit auch bereit sein müsse, sein Leben zu riskieren. So hoch also ist der Wert der Freiheit einzuschätzen. Das jedoch scheint dem Westen nicht mehr bewusst zu sein, obwohl er doch im Iran und in vielen anderen Ländern und nicht zuletzt in Russland sieht, wie es ist, ohne Freiheit leben zu müssen und wie teuer es ist, sie zu erkaufen.

„Und setzet ihr nicht das Leben ein, nie wird euch das Leben gewonnen sein."

Friedrich Schiller

Was also muss geschehen? Empörung allein und vollmundige Worte reichen nicht aus, dem hohen Streitwert „der Freiheit" glaubhaft Geltung zu verschaffen. Wenn wir überzeugt sind, dass unsere Freiheit bedroht ist, dann muss der Wille erkennbar sein, alles zu ihrer Verteidigung zu tun. Dieser Wille muss in einer klaren und verständlichen Strategie deutlich werden. Sich ausschließlich darauf zu verlassen, dass diese Verteidigung von gerade den Menschen geleistet wird, die ohnehin dabei sind, ihren Überlebenskampf mutig zu bestreiten, ist weder fair noch ehrenhaft. Wir dürfen die Ukraine nicht im Stich lassen! Es bedarf kluger Entscheidungen, der militärischen Aggression mit geeigneten Mitteln entgegenzuwirken. Wenn es um einen so hohen Wert wie die Freiheit geht, dann müssen auch wir bereit sein, bei ihrer Verteidigung entstehende Risiken zu tragen. Wenn wir das nicht tun, werden wir in all unseren Verlautbarungen unglaubwürdig. Nachdem Putin seine ganze Propaganda daraufhin ausgerichtet hat, dass es der Westen ist, der Russland bedroht und gar auslöschen will (Lawrow spricht gar von „Endlösung" im

Zusammenhang mit der vermeintlich angedrohten Zerstörung Russlands), darf bei allen, möglicherweise auch militärischen Überlegungen keinesfalls der Eindruck entstehen, es gehe dem Westen um einen Angriff auf das Territorium Russlands. Nachdem aber Russland einen völkerrechtswidrigen Krieg gegen die Ukraine führt, muss es der Westen sein, der die Spielregeln vorgibt und auch einfordert. Es müssen rote Linien erkennbar gemacht werden, die Russland einzuhalten hat; dabei dürfen militärische Interventionen nicht ausgeschlossen sein. Die NATO wird von Russland zusammen mit den USA als Feind betrachtet, warum sollten sie es nicht sein, die dem Angriff auf ihre Freiheit standhalten und der Aggressionslust Grenzen aufzeigen?! Weit besser wäre es jedoch, wenn die ganze Völkergemeinschaft in Form der UN hinter einer solchen Grenzziehung stehen würde (UN-Mandat). Dieser Schritt folgte der Logik, dass Russland die internationalen Spielregeln gebrochen hat, und der Westen die Folgen dieses Bruchs (Tausende von Toten und die Devitalisierung eines ganzen Landes) nicht weiter hinnehmen kann. Es geht bei diesen Maßnahmen nicht um eine Bestrafung des Aggressors sondern um eine Begrenzung des angerichteten Schadens und eine militärische Hilfe für die Ukraine, allein mit dem Ziel, ihre Integrität wieder zu gewährleisten. Das muss verständlich deklariert und entsprechende Vorbereitungen getroffen werden.

Beobachtet man die Entwicklung des Krieges im Westen, dann ist kaum erkennbar, dass den Bürgern im Westen die Freiheit ein Herzensanliegen ist. Angesichts der Ereignisse und Bilder, die aus den Kriegsgebieten die Menschen erreichen und zu einer unmittelbaren aber eben doch mutlosen Empörung führen, ist ein Erlahmen der Betroffenheit zu spüren je länger der Krieg fortdauert. Als ob es eine persönliche Betroffenheit gäbe ohne ein wirkliches Berührt-Sein, eine äußere Regung ohne eine Übereinstimmung mit dem Inneren. Es scheint eine Art der Erregbarkeit zu geben, die sich von vornherein des „ohne mich" sicher ist. Wie kann es sein, dass sich vor zwei Wochen 68 Prozent der Bevölkerung für eine militärische Unterstützung der Ukraine ausgesprochen haben, jetzt nur noch 52 Prozent. Was hat sich geändert in der Einschätzung des verbrecherischen Krieges? Man hört: „Gestern hat er Panzer gefordert, heute will er Kampfflugzeuge, was fällt ihm morgen ein?" Nehmen wir wirklich am Tagesgeschehen teil mit Ernst und wirklicher „Teilnahme"? Man muss den Eindruck gewinnen, dass sich das Wort völlig entkoppelt hat vom Inhalt seiner Bedeutung. Wir sagen Freiheit und wissen gar nicht mehr was das ist. Wir erleben die Freiheit als ein verbrieftes Recht, tun zu können was man will. Das „Ich" steht im Mittelpunkt der Weltanschauung. Also habe ich doch alle Freiheiten. Wie sollte ich betrübt sein über etwas, was mir gar nicht fehlt? Ich hab' sie doch, lasst mich doch in Ruhe! Das nun ist das zweite, wir verwechseln Friede mit Ruhe. Ist es nicht das, was wir in Wirklichkeit anstreben, die Ruhe, das Gleichmaß und eben das, was langeweilt („Anti Age" und dergleichen). Was wir wirklich lieben ist der Konsum und freiwillig unterwerfen wir uns seinen Gesetzen (stetiger Wachstum). Weil wir keinen festen Boden mehr unter den Füßen haben und nicht mehr wissen, was Leben bedeutet, sind wir unsicher in dem, was wir hören und unsicher in dem, wie wir es werten (News oder Fake News). Hat er Recht, wenn er sagt, „wir fühlen uns vom Westen bedroht"? Was ist wahr und was nicht? Muss man ihn nicht auch verstehen?

Bisher waren wir gewohnt, eine Aussage, die von irgend jemand gemacht wurde, auf ihren Wahrheitsgehalt zu überprüfen, ist sie wahr oder nicht wahr, stimmte die Aussage nicht mit der Realität überein, dann sprachen wir von Lüge. Lüge bezog sich immer auf denjenigen, der eine Aussage macht. Im Sprecher, also im „Informationsgeber", so dachten wir, vollzieht sich Wahrheit oder Unwahrheit. Seit geraumer Zeit scheint das anders zu sein, nachdem mehr und mehr der Hörer, also der „Informationsnehmer" für die Differenzierung von wahr und unwahr verantwortlich zu sein scheint. Der Angesprochene, der Hörer entscheidet, was richtig oder falsch ist. Spricht ein Experte über Viren, sagt ein Zuhörer, die gibt es gar nicht. Ein sogenannter Verschwörungstheoretiker entwirft ganze Aktionskonstrukte gerundet in der Hitze seiner Vorstellungen, erstarrt im Fixativ seiner Überzeugungen. Ein kalter Apriltag ist ihm schon ein Beleg gegen die Klimakrise. Er sieht und versteht, was er sehen und verstehen will. Er baut sich die Welt, in der er leben will. In einem rechtschaffenen Bewusstsein entwickelt sich eigenständig ein Raster zur verlässlichen Differenzierung von wahr und unwahr. Ein Bewusstsein, in dem nie klare und stabile Wertvorstellungen gereift sind oder diese durch äußere Einflüsse verloren gegangen sind, ist anfällig für jede Form von Unterminierung und Relativierung der Realität. Eine Lüge ist geeignet ein ganzes Weltverständnis, ein ganzes Weltbild zu verändern. Nun hat unsere konsumgesteuerte Lebensart unser Werteempfinden völlig verschoben und die Welt, die wir uns zurechtlegen, hat an Stabilität verloren. Wir spüren eine pessimistische Grundstimmung, eine allgemeine Suche nach Sicherheiten, nach etwas Beständigem, nach etwas Verlässlichem, nach einem festen Boden unter den Füßen. Auffallend zum Beispiel ist der häufige Gebrauch des Begriffes „Studie". „Studie" impliziert den Nachweis wissenschaftlicher Beweisbarkeit und damit gerechtfertigte Glaubwürdigkeit. Der normale Bürger, also der Nichtwissenschaftler, kann nicht wissen, inwieweit das seine Richtigkeit hat, er kann nicht wissen, dass mehr als 50 Prozent der Studienergebnisse einer seriösen Überprüfung nicht standhalten. Eine weitere Auffälligkeit zeigt sich in der Bewertung des Geldes. Es hat die

Rolle des Absoluten, des allein Vertrauenswürdigen angenommen. Geld als Lebenselixier, als scheinbar verlässliche Lebenssicherheit.

In dieser Situation nun, in der wir eine allgemeine Unruhe verspüren, ein deutliches Schwanken der sicher geglaubten Verhältnisse und immer konkreter die Frage nach einem Sinn stellen, in dieser Situation hören wir, dass wir bereit sein müssen, unsere Freiheit zu verteidigen. Weil wir sie aber zu haben glauben und aus diesem Grund nicht mehr genau wissen, was Freiheit eigentlich bedeutet, fehlt uns jede Bereitschaft, dem leichten Worten konsequentes Handeln folgen zu lassen. Darüber hinaus fehlt uns die Überzeugung, dass mit dem russischen Angriffskrieg wirklich unsere Freiheit bedroht sein soll. In der politischen Einschätzung werden gar Vorbehalte deutlich, eine ängstliche Zurückhaltung, man dürfe Putin nicht ärgern, nicht reizen, nicht herausfordern, damit wir nicht auch noch in den Krieg hineingezogen werden. Während bei vielen die Angst vor einem Krieg offensichtlich konkret ist, scheint die Angst vor einem möglichen Freiheitsverlust eher theoretischer Natur zu sein. Immerhin vermitteln die politisch Verantwortlichen nicht den Eindruck, als stünde mit der Freiheit ein existenziell bedeutsamer Wert auf dem Spiel. Dadurch, dass sie die Verteidigung der Freiheit so konsequent einem Land überlassen, das sich in großer existenzieller Not befindet, sind sie in ihrer Argumentation nicht gerade überzeugend.

Kriegsverlauf

Wer am politischen und militärischen Ziel Putins noch zweifelt, der möge die allabendliche Propaganda des russischen Staatsfernsehens verfolgen in der die Ziele unmissverständlich lautstark und fordernd definiert werden: Entnazifizierung der Ukraine und ihre Eingliederung in den Bestand der russischen Föderation. Die Deutschen hatten sich seiner Zeit eine griffige Formulierung für ein solch erbärmliches Vorgehen zurechtgelegt: „Heim(holen) ins Reich!" Damit würde die Ukraine aufhören zu existieren; sie verlöre ihre Identität, ihre Geschichte, ihre Kultur, ihre Seele. Was die ukrainischen Ostgebiete betrifft (Luhansk, Donezk, Saporischschja und Cherson) ist dieser Schritt in den russischen Schulbüchern bereits vollzogen.

Um das Ziel zu erreichen, die ganze Ukraine zu annektieren, hat Russland in den vergangenen Jahren massiv aufgerüstet und hat sich in Syrien und Afrika mit ihrem rüden und gewissenlosen Einsatz auch und besonders gegen zivile Einrichtungen (Schulen, Krankenhäuser, Eingriffe in die Infrastruktur) seiner militärischen Stärke vergewissert. Auch Georgien darf in diesem Zusammenhang nicht vergessen werden. Dies alles geschah unter billigendem Einvernehmen des Westens, wobei diese Billigung mit einem ständigen Ausbau der Geschäftsbeziehungen untermauert wurde. Während der Westen auf wirtschaftlichen Profit setzte und seine zunehmende Abhängigkeit von Russland geschehen ließ, baute Russland an seiner politischen, vor allem militärischen Macht. Die Kompetenz des Westens versagte in der Einschätzung des Mannes, der seit Beginn seiner Präsidentschaft die Geschicke dieses Großrussischen Reiches zu verantworten hat, Wladimir Putin.

Was ist das für ein Mann, vor dem der Westen zittert, auf den alle Augen der Staatenlenker gerichtet sind, dem sich schwache und schwankende Charaktere andienen, um ein Hauch von Größe zu erhaschen, der ein ganzes Volk in Sprachlosigkeit versetzt, entweder aus Angst oder aus Opportunismus? Er ist kein großer Staatsmann, doch gleichwohl ein Mann, der sich vorgenommen hat, in der Geschichte Spuren zu hinterlassen. Er ist ein Mann, der gelernt hat, Größe zu inszenieren und gelernt, alle Mittel der Macht nach Belieben einzusetzen. Die Methoden der Macht hat er verinnerlicht in einer Zeit, in der er als Geheimdienstoffizier ausschließlich in den Kategorien der Größe, der Intrige und der subversiven Zielsetzung gedacht hat, in der sein Gewissen den machterhaltenden Methoden zum Opfer gefallen ist. Er kennt nur Sieg und Erfolg und beides heiligt seine Mittel. Er weiß, seine Mittel einzusetzen und er weiß genau, wie der Westen darauf reagiert. So verhält er sich wie ein Pokermeister, der ständig Einblicke hat in die Karten seiner Gegner. Wir alle haben den Großmeister gesehen, wie er durch beeindruckend hohe Türen geht, an zackig salutierenden Leibwächtern vorbei, wie er an überlangen Tischen seine Gesprächspartner demütigt, wie er ungeniert seine Lügen in der Welt verbreitet, Lügen, und das weiß er, die in monotoner propagandistischer Wiederholung so vielen zur scheinbaren Wahrheit werden.

Im Grunde ist Putin ein großspuriger, kleinherziger Feigling. Nicht selten entwickelt ein Feigling zur Kaschierung seiner Schwäche im Schutz der Unangreifbarkeit sadistische Züge. Putin lebt und agiert im Schutz eines undurchdringlichen Sicherheitsapparates. Die Ängste, die er unablässig im In- und Ausland schürt, vermitteln ihm das Gefühl der Stärke, aus dem Leid, das er so unendlich vielen Menschen zufügt, zieht er den Nektar der Unangreifbarkeit und der Macht. Wie ein Kind liebt er in Manövern das Spiel mit dem Krieg, bedient mit Genugtuung die Knöpfe, mit denen er den Weg frei gibt für Zerstörung und Tod bringende Bomben und Raketen. Er kennt das Spiel; er kennt die Wirkung seiner Mittel, er weiß, wie es geht, Feuer zu legen ohne dabei selbst in Gefahr zu geraten; er kalkuliert genau die Möglichkeiten eines Krieges, nicht weniger die Mittel der Propaganda – niemand setzt sie hemmungsloser ein als er. Gern stellt er sich unter den Anspruch kirchlicher Absolutheit; ikonenhaft hängt sein Portrait in den Kirchen und jeder weiß um seine Nähe zum Patriarchen und Kirchenoberhaupt Kyrill, der in den Siebzigerjahren selbst als KGB-Agent in der Schweiz tätig war.

Nein, er wird kein Land angreifen, von dem er Gegenwehr zu erwarten hat, das ihm in seiner Einschätzung zur Gefahr werden könnte. Politik versteht er wie ein Spiel; nüchternes Kalkül und instinktives Abwägen bestimmen maßgeblich sein Handeln und entscheiden über seinen Spieleinsatz. Auch dem Kleinsten verleiht ein Amt Flügel; das lernte er schon als ein Mann des Geheimdienstes kennen. Jetzt aber, wo er Präsident ist, sieht er die Fülle seiner Möglichkeiten, ja, er empfindet sie gar als Auftrag, wenn er an große Staatsmänner wie etwa an Peter den Großen denkt. Er kommt ja selbst aus einer Zeit, in der er Größe und Macht als Integralen Bestandteil seines Staatsverständnisses kennen gelernt hat. Jetzt liegt es an ihm, Macht und Größe wieder herzustellen. Mit welchen Mitteln könnte er dies besser erreichen als mit jenen, die ihm beim Geheimdienst so vertraut und selbstverständlich geworden sind. So wurde ihm bei seiner Zurechtlegung der Geschichte klar, dass die Ukraine Teil von Russland werden müsse. Janukowytsch, der als Folge der Maidan-Revolution nach Russland geflohen war, hatte ja bereits für eine militärische Schwächung der Ukraine gesorgt, so dass es ein Leichtes sein müsse, die Ukraine einzuverleiben. Er stellte sich vor, in Kiew einzumarschieren, den Präsidenten abzusetzen (wie auch immer) und dann auf dem Maidan die große Rede über die wiedergewonnene Freiheit zu halten. Die Zeit bis zum Einmarsch nütze er, die möglichen

Reaktionen des Westens auszuloten. Trotz des für alle sichtbaren Aufmarsches mit unzähligen Panzern und militärischem Gerät war vom Westen, war von Europa nichts anderes zu hören als sich gegenseitig übertrumpfende Vermutungen und Befürchtungen. Was wird er tun? Viele Staatsvertreter kamen zu ihm, einer nach dem anderen; sie baten um Einvernehmen und Verständnis, zogen alle Register der Diplomatie, er aber demütigte sie. Kein Wort erreichte ihn! Er aber wusste Bescheid, man würde ihm nicht ins Gehege kommen. Am 24. Februar 2022 war es so weit.

Über ein Jahr ist vergangen und es ist immer noch Krieg. Das Land der Ukraine ist großflächig zerstört, über 100 000 ukrainische Soldaten und Tausende Zivilisten sind tot. Alles, was länger dauert, unterliegt der langsam fortschreitenden Gewöhnung. Aber auch das ist eine Erfahrung: Auch die Empathie scheint Grenzen zu haben. Wer Vorschläge macht über das weitere Vorgehen, sollte sich die Mühe einer eingehenden Analyse machen und sollte jeden Gedankenansatz bis zu seinem Ende verfolgen.

Wie ist die Sichtweise Putins? Wer meint, wir wüssten es nicht, der täuscht sich; vielleicht aber wollen wir es gar nicht wissen. Wie oben bereits erwähnt, das russische Staatsfernsehen verkündet es allabendlich: „Die Ukraine hat kein Recht zu existieren. Sie ist und bleibt ein Teil Russlands!" So die Propaganda, auf die Putin „sein" Volk eingeschworen hat. Das russische Volk hat über Jahrhunderte schweigen und leiden gelernt; nun sollte es stärker sein als die Menschen im Westen, die sich, obwohl sie nicht beteiligt sind, bereits augenfällig der Gewöhnung hingeben? Putin wird nicht aufgeben, das entspräche nicht seiner Überzeugung und seiner charakterlichen Einstellung. Er weiß, dass ihm die Zeit in die Hände spielt, dass die Bereitschaft des Westens, die Ukraine militärisch zu unterstützen vermutlich nicht unbegrenzt sein würde und er weiß, dass Russland in diesem Krieg hinsichtlich seines Territoriums nichts zu befürchten hat. Putin führt Krieg auf fremden Boden; was sollte er zu befürchten haben? Den Tod der Soldaten? Gewiss nicht; er entlastet sich mit Auszeichnungen und Ehrenbekundungen, die er freimütig verteilt. Den Tod der Söldner? Warum denn, sie säßen doch ohnehin im Gefängnis. Es interessiert ihn nicht. Den Westen aber hält er in Schach durch lautstarke Propaganda und regelmäßige Drohgebärden. Er weiß, wie der Westen tickt. Der verhaltene Fingerzeig auf die Atomwaffe zeigt Wirkung ohne jeden Gewöhnungseffekt. Er scheint ein ebenso einfaches wie sicheres Mittel, sich den Westen vom Hals zu schaffen.

Die Sichtweise des Westens? Sie ist nicht so einfach darzustellen wie die Sichtweise des Aggressors, denn sie ist keineswegs einheitlich und eindeutig. Warum eigentlich nicht, geht es doch um den elementarsten Wert des im Westen entschieden ver-

tretenen demokratischen Verständnisses, es geht
um die Freiheit, die hier verteidigt werden soll, manche sagen: „Verteidigt werden muss", andere sind
zurückhaltend, wiederum andere sind nur betroffen. Man ist sich nicht einig: Ist der Angriff Russlands gegen die demokratischen Werte Europas
gerichtet? Ist es lediglich ein Kampf der Ukrainer
für ihre Identität, für ihre Freiheit? Große Uneinigkeit besteht darin, inwieweit die Freiheit der Europäer überhaupt bedroht ist, wobei die Blicke mit
spürbarer Ängstlichkeit auf Putin gerichtet sind.
Das Für und Wider der Freiheit spielt sich bei nicht
wenigen außerhalb ihres Bewusstseins ab, zumal
sie glauben, sie zu besitzen. Ein weiteres Merkmal
der Demokratie ist die Meinungsfreiheit und diese
zeigt gerade in diesen Zeiten ein komplexes Bild der
Meinungsvielfalt. Bevor wir diesen Gedanken weiterverfolgen, versuchen wir doch zunächst den bisherigen Verlauf des Krieges zu skizzieren:

Am 24. Februar 2022 beginnen die Luftangriffe
auf ukrainische Städte, darunter Kiew, die Hauptstadt. Die schon Tage zuvor immer wieder gezeigten
russischen Panzer, die an den Staatsgrenzen der
Ukraine in langen Schlangen lauern und einen Eindruck geben von der demoralisierenden Übermacht
der Russen, diese Panzer setzen sich in Bewegung,
Richtung Kiew. Dort wird versucht, den Präsidenten zu ermorden und alles für einen schnellen
Sieg vorzubereiten. Beides gelingt nicht. Die Stadt
Charkiw, diese lebendige Universitätsstadt, wird

bombardiert, großräumig zerstört und ihres unbekümmerten Fortschrittsglaubens beraubt. Darüber hinaus verzeichnen die Russen im Umfeld dieser strahlenden Metropolen große Landgewinne; diese Gebiete halten sie mehrere Monate besetzt. Was das bedeutet, erfährt die Weltöffentlichkeit erst nach der erfolgreichen Rückeroberung durch das ukrainische Militär. Unvergessliche Bilder und einprägsame Berichte von Tötung und Ermordung, von Folter, Vergewaltigung und Plünderung, von Massengräbern und Vandalismus zeugen von einer menschenverachtenden Ideologie und einer zivilisatorischen Verrohung unvorstellbaren Ausmaßes. Die Rückeroberung großer Gebiete bis an die Grenzen von Luhansk und Donezk war nur mit den Waffen des Westens möglich. Auch in diesen befreiten Gebieten waren deutlich die Spuren russischer Willkür und niedrigster Gesinnung erkennbar. So erfuhr man, dass Mütter und Kinder zwangsweise nach Russland deportiert wurden und während der Besatzungszeit alle ukrainischen Merkmale aus dem Alltag verbannt wurden. Was den Kriegsverlauf angeht, sind bis dato zwei Schlussfolgerungen unzweifelhaft: Mit westlichen Waffen gelingt es dem ukrainischen Militär, die Oberhand zurückzugewinnen. Zum anderen aber ist deutlich, dass es die Ukrainer allein nicht schaffen, sich der russischen Übermacht zu erwehren. Das sind unbestreitbare Feststellungen, die bei allen weiteren Überlegungen nicht außer Acht bleiben dürfen.

Die Auseinandersetzung darüber, ob die Ukraine auch weiterhin militärisch unterstützt werden soll, vollzieht sich im Spannungsfeld zwischen Angst und Mut, zwischen der Angst etwas zu verlieren und dem Mut, etwas zu gewinnen bzw. zu bewahren. Bei jeder Veränderung, bei jeder Unruhe, die von außen auf uns einwirkt, greift die Angst um sich, die Ruhe unseres ungestörten Zeitverbringens könnte gestört werden, die Gewohnheiten, die wir so heiß und innig lieben, könnten verloren gehen. Grund der Angst ist das rechtswidrige, scheinbar unkalkulierbare Verhalten Putins. Dass man sein Verhalten im Westen so einschätzt, ist gewollt und ist Bestandteil seiner Demagogie und seiner Propaganda. Er ist Zirkusdirektor und Dompteur und nur, weil er alle Regeln missachtet, sind alle Augen ängstlich auf ihn gerichtet. Welche Tricks wird er jetzt anwenden? Was zieht er jetzt aus der Tasche? Immer, wenn das Wort Atom in den Raum tönt, zucken wir zusammen. So hat uns Putin immer im Griff; es bereitet ihm eine Lust, uns in der Manege herumzuführen.

Es ist erstaunlich, zu sehen, was Angst und Ängstlichkeit mit dem Menschen machen. Die Angst bewirkt den völligen Verlust an rationalem Denkvermögen. Warum ist das so? Weil vor dem Hintergrund der Apokalypse alle Argumente zerbröseln, zunichtewerden. Man kann angesichts des Endgültigen nicht mehr diskutieren, die Apokalypse wird immer Recht behalten. Dennoch gibt es einen Lebenswillen, der auf Rationalität und Zuversicht gründet. Es gibt eine Golden Gate Bridge (trotz Erdbebengefahr), es gibt das One World Trade Center in New York (trotz terroristischer Gefahren). Wer hätte Bedenken, einen Kaffee in der 163. Etage des Burj Khalifa in Dubai zu trinken? (Vertrauen in die Ingenieurskunst). D. h. Rationalität beinhaltet die Kunst, Risiken einzuschätzen und die Zuversicht vermittelt die Kraft, mit dem Risiko zu leben. Ein Leben ohne Risiko gibt es nicht! Jedes Risiko ausschließen zu wollen, bedeutete lebens- und handlungsunfähig zu werden.

Jetzt, wo die Frage der militärischen Unterstützung im Raum steht, stellen wir fest, dass diese Frage allzu schnell In der moralisierenden Ausschließlichkeit von „gut" und „böse" beantwortet wird. Viele finden es gut und richtig; andere lehnen alles ab, was an Krieg erinnert, weil sie Frieden und alle Vorzüge der Freiheit haben wollen; sie denken nicht darüber nach, was zum Erhalt von Frieden und Freiheit nötig ist. Allerdings besteht die Gefahr, die ablehnende Haltung zu schnell zu verurteilen. Vielleicht gelingt es, dieser Frage des moralischen Prinzips auf den Grund zu gehen. Die Rede ist von Panzern. Allein der Versuch, zwischen Abwehrpanzern und Kampfpanzern zu unterscheiden, zeigt, welchen Einfallsreichtum wir bemühen bei dem Versuch, uns zu rechtfertigen. Der Panzer, machen wir uns nichts vor, ist eine Maschine um zu töten. Angesichts des derzeitigen Krieges in der

Ukraine fällt es nicht schwer, sich vorzustellen, dass ein Terrorist in eine Schule eingedrungen ist, um dort einen Schüler nach dem anderen zu erschießen. Wären wir nicht froh, eine Waffe zu haben, die es ermöglicht, diesen Eindringling festzunehmen, ihn notfalls zu erschießen? Kaum jemand käme auf die Idee, mit diesem Terroristen verhandeln zu wollen. Das Wesen der Dialektik vermittelt uns die Einsicht, dass nicht alles auf dieser Welt in das moralische Raster von Gut und Böse einzuordnen ist. In der altgriechischen Literatur wird dem Problem der menschlichen Tragödie große Bedeutung beigemessen und zwar dem Umstand, dass der Mensch in Situationen geraten kann, in denen er, gleich wie er sich entscheidet, schuldig werden *muss*. In der Psychologie versucht man diese Situation durch folgendes Beispiel zu verdeutlichen: Ein LKW-Fahrer ist in seinem Führerhaus eingeklemmt. Der Lastkraftwagen brennt. Auch von außen lässt sich die Türe nicht öffnen. Ein hinzukommender Polizist versucht alles, doch er schafft es nicht, den Fahrer zu retten. Seine Kleider beginnen zu brennen. Der Polizist hat eine Pistole – er überlegt ... Der Handelnde lädt Schuld auf sich, doch weiß er, dass er auch durch ein Nicht-Handeln schuldig werden kann. Nach Maßgabe seiner Möglichkeiten muss er die Situation einschätzen, inwieweit er mit seinem Handeln, seinem Gewissen folgend, auf ein Geschehen positiv einwirken kann. Es kann kein Zweifel daran bestehen, dass durch eine geeignete und zeitgerechte militärische Unterstützung zahlreiche Menschen gerettet werden könnten. Es ist jedoch kaum zu verstehen, dass die Ängstlichkeit als Ursache der erheblichen zeitlichen Verzögerung des militärischen Beistandes schließlich als Besonnenheit hingestellt wird. Mit dem „vertraut mir einfach!" überbietet der Kanzler die Überheblichkeit seiner Vorgängerin, die immer wieder ihr Handeln als alternativlos verteidigt hat.

Dass westliche Waffen essentiell sind bei der Verteidigung der Ukraine, zeigt deren Wirkung bei der Rückeroberung der von Russland besetzten Gebiete. Monatelang ist der Westen auf Waffenwünsche von Seiten der Ukraine nicht eingegangen. Jetzt aber sind Panzerlieferungen für das dritte Quartal 2023 angekündigt. Der von Ängstlichkeit gelähmte Westen scheint zu vergessen, dass Zeit ein wichtiger Faktor der Kriegsführung ist. Nun hat der Russe Zeit, seine Verteidigungslinien auszubauen. Der Ukraine wird es damit schwerer fallen, verlorene Gebiete zurückzuerobern. Einerseits will man helfen, um dem offensichtlichen Druck der Öffentlichkeit nachzugeben; andererseits will man nicht zu viel helfen, um Putin und die vielen potentiellen Wählern, die gegen Waffenlieferungen votieren nicht zu verärgern. Was ist das für eine Haltung angesichts des anstehenden Problems, Diktatur oder Demokratie, und der viele Opfer, die zu beklagen sind! Niemand will ein unbesonnenes, leichtfertiges Handeln! Doch die Ankündigung von

Panzern für das dritte Quartal 2024 kann nicht als besonnen gelten. Es scheint uns das Reden so leicht zu fallen, weil es nicht mit Taten unterlegt ist. Was hält uns davon ab, mutig und entschlossen zu bekennen, was für uns unverzichtbar ist? Warum warten wir auf die Vorgaben von Putin? Warum sollte immer der Aggressor die Spielregeln vorgeben? Warum definieren nicht wir rote Linien, die wir nicht überschritten sehen wollen? Es ist schon eine seltsame Konstellation: Einerseits stellen wir fest, dass die Ukraine dabei ist, unsere Freiheit zu verteidigen, andererseits argumentieren wir, wir dürfen in diesem Krieg keine zu eindeutige Stellung beziehen. In einem kürzlichen Interview sagte Chodorkowski: Der Westen habe vergessen, dass man bei der Verteidigung der Freiheit auch bereit sein müsse, sein Leben zu riskieren. So hoch also ist der Wert der Freiheit einzuschätzen. Das scheint dem Westen nicht mehr bewusst zu sein, obwohl er doch im Iran und in vielen autoritären Staaten sieht, wie es ist, ohne Freiheit leben zu müssen und wie teuer es ist, sie zu erkaufen.

Ich hatte gefordert, ins Gespräch gebrachte Gedanken zu Ende zu denken. Mit den folgenden Ausführungen versuche auch ich das zu tun. Immer wieder fragen wir uns, wann der Krieg wohl zu Ende sein wird und wie er zu einem Ende finden könne. Die Antwort ist ebenso einfach wie schmerzlich. Ich berufe mich dabei nicht nur auf die anfangs erwähnte allabendliche Propaganda im russischen Staatsfernsehen. Ich glaube Putin und seine Beweggründe zu kennen, nachdem ich mich mit der Psychologie eines Geheimdienstoffiziers eingehender befasst habe. Zwei Dinge kann, will und wird er nicht akzeptieren: Niederlage und Verrat. Den Untergang der UdSSR hat er als Niederlage empfunden, als bleibendes Trauma lebt dieses Ereignis in ihm fort. Jeder Politiker, der ihn seit 1990 erlebt hat, konnte erfahren, wie er sich trotz dieses Traumas ruhig, beherrscht und kontrolliert verhielt und wie überlegt und zielstrebig er seine Arbeit verrichtete. Der Krieg gegen die Ukraine war lange geplant, allerdings war die Einverleibung der Ukraine nicht als Krieg vorgesehen. Verwöhnt durch den schnellen Erfolg bei der Annexion der Krim und das relative Stillschweigen des Westens ging Putin von einem Husarenritt aus mit überfallsartiger Besetzung Kiews, dem Ausschalten der ukrainischen Regierung und einer großen Sieges- und Befreiungsrede auf dem Maidan.

Dass es so nicht kam, war für Putin eine Überraschung, nicht weniger eine Enttäuschung. Er musste umdenken. Vor allem wurde ihm mit zunehmender Zeit klar, dass er in der Ukraine nicht der große Befreier sein wird; er wird als Gegner, als Feind, als Okkupator empfunden, also ist es Krieg und ihm wird klar, dass er nicht zurückkann. Anfangs sieht es gar nicht chancenlos aus: Weite Gebiete um Kiew sind besetzt und große Bezirke östlich von Charkiw bis Luhansk werden schon von ihm kon-

trolliert. Doch dann treffen in der Ukraine neue
Waffen ein und nach und nach muss er die besetzten Gebiete wieder aufgeben. Mit diesem Rückzug
hat er nicht gerechnet. Er muss etwas tun, diesen
Rückzug zu stoppen. Was ihm auf dem Schlacht-
feld nicht gelingt, muss er formal auf der vorzeig-
baren Landkarte vollziehen und damit zum Ausdruck bringen: Es kann kein Zurück geben!! Er
annektiert Luhansk, Donezk, Saporischschja und
Cherson, obwohl er diese Gebiete keineswegs zur
Gänze kontrolliert. Er setzt sich damit selbst unter
Zugzwang. Obwohl ihm schon mehrfach klar
geworden ist, dass sein ursprüngliches Vorhaben,
die Ukraine zu russifizieren, nicht so einfach zu
realisieren ist, agiert er immer entschlossener und
hält verbissen an seinem Plan fest. Schon längst
hat er begonnen, seine Erzählung zu ergänzen, zu
verfeinern und mit neuen Argumenten auszustat-
ten, um sie seinem Volk glaubwürdig vermitteln
zu können. Er beschwört sein Narrativ mit derar-
tig hintertriebenem Eifer, dass er sich selbst in der
gezeichneten Opferrolle wiederfindet. Der Westen
ist verantwortlich für den Krieg; dieser würde versuchen, von der Ukraine aus Russland zu zerstören.
Der Außenminister Lawrow spricht gar davon, dass
der Westen in Bezug auf Russland eine Endlösung
anstreben würde. Nachdem diese Spezialoperation
in der Anschauung Putins zu einem Krieg geworden ist, einem Krieg des Westens gegen Russland,
wie sollte Putin ohne Gesichtsverlust diesen Krieg

beenden wollen? Wiederholt hat er sich selbst Rückzugsmöglichkeiten verbaut und hat zu keiner Zeit Ansätze zur Deeskalation erkennen lassen. Der Westen ist der Angreifer; wie könnte man Schlichtungsversuche anders als ein Eingeständnis der Schwäche verstehen? Putin will keine Gespräche, er will keine diplomatische Lösung, er will den Erfolg! Dafür ist er bereit, einen langen Krieg in Kauf zu nehmen.

Die Länge des Krieges birgt die Gefahr, dass der Westen kriegsmüde wird, dass die Bereitschaft, die Ukraine zu unterstützen nachlässt. Irgendwann werden sich auch die „Wagenknechtereien" bemerkbar machen. Es ist unsäglich, wie manche Menschen immer wieder penetrant versuchen, sich an ihrem rationalen Denkvermögen vorbei Geltung zu verschaffen. Es werden Argumente formuliert, gerundet in der Hitze ihrer Geltungssucht, erstarrt im Fixativ ihrer Unbelehrbarkeit. Sie alle fordern den Frieden in Gesprächsrunden, auf Demonstrationen, in öffentlichen Briefen, doch mehr und mehr entsteht der Verdacht, dass etwas Wesentliches verwechselt wird. Sie wollen keinen Frieden, sie wollen Ruhe bzw. einen Frieden, der sie endlich in Ruhe lässt, der ihnen die Möglichkeit gibt, endlich wieder anderes zu denken. Sie arbeiten mit der dümmlichen Formel, nach der kein Krieg besser sei als Krieg. Wegen Corona mussten sie schon zwei Jahre auf so vieles verzichten – endlich wieder normal leben! Man liest von den Folgen des Krieges in den Medien, man sieht die Bilder in den Nachrichten, doch mit der Zeit verlieren die Berichte und Bilder ihre Eindrücklichkeit und viele andere kommen hinzu: Erdbeben in der Türkei und in Syrien, Demonstrationen im Iran und in Israel, der rote Teppich der Berlinale, Der Karneval von Köln. Die Eindrücke verschwimmen und in der Gemengelage des Alltags verliert sich schließlich der Sinn für das Wesentliche. In einer solchen Phase der sich verändernden Wichtigkeiten ist man gerne bereit, allen Bemühungen zuzustimmen, die zum Ende des Krieges, zum Ende der beunruhigenden Nachrichten beitragen. Man will sich nicht mehr vereinnahmen lassen von irgendwelchen mühseligen Denkaufgaben, von Mitgefühlen und schwierigen Entscheidungen. Man will Ruhe und glaubt, auch ein Recht auf sie zu haben. Man kann sich im Leben jedoch die Bedingungen nicht aussuchen und den Zeitpunkt selbst bestimmen, wann die Zeit ist für Ruhe und wann es notwendig ist zu handeln.

Jetzt und nicht irgendwann sonst steht unsere Freiheit auf dem Spiel! Vermutlich haben wir schon manche Zeit verloren, bei dem Bemühen, Hilfe zu leisten. Die Panzer, die helfen könnten, stehen noch in den Fabrikhallen. Warum beginnen auch andere Länder trotz gegebener Versprechen eine zögernde Haltung einzunehmen? Die Absichten Putins sind klar; auch, was Belarus und Moldawien betrifft, sind seine Vorstellungen bekannt geworden. Es kann nicht sein, dass die Ängstlichkeit unsere Vorstellungskraft lähmt, die uns sagt, wie ein Leben in Unfreiheit aussehen würde. Blicken wir doch auf den Vorgang der Kinderdeportation! Auf die Gesichter und die Methoden der Wagner Truppe! Blicken wir auf die Disziplinierung eines ganzen Volkes, auf die tägliche Propaganda, die Lügen und Verdrehungen. Es ist allein die Wahrheit und das Vertrauen, die frei machen und beides ist in Russland wie in allen autoritären Systemen der puren Arroganz zum Opfer gefallen.

Wir müssen aufwachen! Unsere Freiheit ist in Gefahr!

Um meine Gedanken zu einem Ende zu bringen, will ich ein wenig mit den Möglichkeiten spielen. Zunächst eine Hypothese: Wochen lang blickten wir, der Westen, auf die an der ukrainischen Staatsgrenze lauernden Panzer und alle arbeiteten sich an der Frage auf: Wird er oder wird er nicht. Hätte der Westen in diesen Tagen eine rote Linie definiert, nach der Russland mit dem Eingreifen der NATO zu rechnen hätte, sollte er die Grenze überschreiten, es wäre vermutlich nichts passiert. Putin greift kein Land an, ohne sich seines Erfolges einigermaßen sicher zu sein.

Spätestens zum Zeitpunkt der Seeblockade, mit der Verhinderung der Ausfuhr von Weizen etc. und der Beeinträchtigung der Welternährung hätte der Westen eine rote Linie ziehen müssen. Die Ernährung der Welt stand auf dem Spiel. Der Westen erwies sich für Putin als berechenbar schwach.

Auch jetzt besteht durchaus die Möglichkeit einer roten Linie. Angenommen der Westen stellt ein Ultimatum: Innerhalb von 14 Tagen haben die Russen die Ukraine zu verlassen. Dem Einmarsch russischer Truppen liegt ein Völkerrechtsbruch zugrunde; Die weitere Tötung von Zivilisten und die weitere Zerstörung der Infrastruktur ist der Westen nicht bereit hinzunehmen. Im Sicherheitsrat wird eine Erklärung abgegeben, nach der von jeder militärischen Maßnahme auf russischem Boden abgesehen wird. Es ist kein Angriff gegen Russland! Die zuvor in Polen und den Baltischen Staaten stationierte Luftabwehr ist eine Sicherheitsmaßnahme gegenüber dem Versuch Russlands, den Krieg auf diese Länder auszuweiten. Die Ausschaltung des russischen Militärs in der Ukraine nimmt vermutlich nicht mehr als zehn Tage in Anspruch. Zu wünschen wäre ein Mandat der UN. So könnte der Krieg ein Ende finden. Das Völkerrecht wäre wieder hergestellt. Zugleich hätte der Westen Zeichen gegeben auch und nicht zuletzt in Richtung China.

Der Westen muss endlich zeigen, was ihm die Freiheit, was ihm die demokratischen Werte wert sind!

Es war nicht Neville Chamberlain, der als Premierminister des Vereinigten Königreichs mit seinem unbedingten Verhandlungswillen zum Ende des Unrechtsregime der Nazis beigetragen hat, es war Winston Churchill, der überzeugt war, dass man nur mit großer Entschiedenheit und Willensstärke das Böse stoppen kann. Er schmiedete eine militärische Allianz, die mit großen Opfern vor allem uns Deutsche vom NS-Regime befreit hat. Freiheit hat ihren Preis.

Frieden schaffen

Es ist Krieg! Er dauert nun schon länger als ein Jahr! Während sich die Menschen in der Ukraine nach Frieden sehnen, weil sie in jedem Augenblick mit dem Wahnsinn des Krieges konfrontiert werden, weil Bomben menschliche Leiber zerfetzen, weil Raketen Wohnhäuser zerstören und dabei Menschen töten und ganze Familien auslöschen, weil Minen im Erdreich hinterhältig lauern und auf weitere Opfer warten, weil die Lebensadern von Strom, Wasser und Wärme zerstört werden, weil die Kräfte, die sich dem feindlichen Ansturm entgegenwerfen, langsam erschöpfen, weil auch der Mut erlahmt, immer wieder um Hilfe bitten zu müssen; die Menschen in der Ukraine sehnen sich nach Frieden! Der Mensch im kriegsverschonten Westen sehnt sich nach Ruhe. Auch er sagt „Frieden"; er meint jedoch einen Frieden, den man ohne Waffen schaffen kann, ohne Mühen, ohne Opfer – einfach so, nicht frieren müssend, in wohliger Wärme, zwischen Arbeit und Freizeit. Wenn der Mensch im Westen es doch genauer zum Ausdruck bringen würde: Waffen um anzugreifen, um Frieden aufzukündigen, um in friedliche Gebiete einzubrechen: NEIN! Waffen werden allerdings notwendig, um dem Angreifer, dem Kriegswilligen, den zerstörerischen Elementen standzuhalten, sich ihnen entgegenzustellen und Leben zu schützen. Wer also tönt, er wolle Leben schützen ohne Waffen, spricht entweder nur die halbe Wahrheit oder er ist feige oder bequem. So komme ich zu der grundsätzlichen Feststellung: Werde ich angegriffen, werde ich mich adäquat verteidigen. Wird ein Freund angegriffen, werde ich ihm mit allen gebotenen Mitteln zur Seite stehen. Sollte irgendein Mensch einem böswilligen Angriff ausgesetzt sein, werde ich ihm mit angemessenen Mitteln helfen, sofern ich mich in seinem unmittelbaren Handlungsumfeld befinde. Es geht um den Menschen, nicht darum, ob eine Intervention von mir mit Vor- oder Nachteilen verbunden ist. Alles andere halte ich für feige oder bequem. Weil man nicht ständig daran erinnert werden will, dass man eigentlich etwas tun müsste, deswegen setzt man sich für die Ruhe ein und sagt „Frieden“, weil es doch so einfach ist, sich zu den Friedfertigen zählen zu lassen. Helfen heißt aber auch, bereit sein zu teilen, bereit zu verzichten, bereit, eventuelle Nachteile in Kauf zu nehmen. All das entfällt, wenn man den leichteren Weg wählt und sich an Friedensmärschen beteiligt.

Auf dem Weg, Frieden zu schaffen, kommt man voran, wenn man sich gelegentlich die faktischen Details bewusst macht. Seit dem 24. Februar 2022 begeht Putin ein Kriegsverbrechen nach dem anderen. Jeder Tag bedeutet unvorstellbares menschliches Leid. Die Argumente, die ihn dazu veranlasst haben, bleiben im Gegensatz zu seinen Verlautbarungen spekulativ, doch geben seine Aussagen hinsichtlich der Zielsetzungen ein klares Bild: Er bestreitet das Existenzrecht der Ukraine; er verfolgt das Ziel der Entmilitarisierung und der Entnazifizierung. Das Narrativ sog. Nazi-Relikte in der Ukraine wird schon lange in Russland propagandistisch gestreut. Es hilft, eine Grundstimmung gegen die Ukraine zu erzeugen. Durch den Sieg über das Nazi-Deutschland sieht sich Russland in der Verantwortung, die „Nazi-Relikte" auch in der Ukraine zu beseitigen; so das Narrativ und so die Propaganda. Eine Verhandlungsbereitschaft über ein mögliches Kriegsende wird von Putin eindeutig verneint Der Ruf nach mehr Diplomatie ist demzufolge nichts anderes als eine bewusste oder unbewusste Irreführung, eine Augenwischerei, eine Art Selbstbetrug wider besseren Wissens. Es kann in dieser Situation nur eine Art der Friedensbeschleunigung geben: Die Ukraine so stark zu machen, dass dem russischen Präsidenten die Unmöglichkeit vor Augen geführt wird, sein gestecktes Ziel erreichen zu können. Der bisherige Verlauf des Krieges zeigt, wie begrenzt Russlands Möglichkeiten sind, den Krieg zu einem erfolgreichen Ende zu führen. Je schneller klar wird, dass die Ukraine nicht einfach zu vereinnahmen ist, desto eher wird Putin zu Verhandlungen bereit sein. Denkt man an die Möglichkeit eines Friedens, dann tut es Not, sich nicht nur über Ursachen und Ziele dieses Krieges aus der Sicht Russlands gedankliche Klarheit zu verschaffen, sondern auch bereit zu sein, die eigene Einstellung und Haltung zu hinterfragen, um Frieden überhaupt möglich zu machen und Vorstellungen über eine zukünftige Friedensordnung entwickeln zu können. Was Russland angeht, müssen wir weit über die Beweggründe Putins hinsichtlich der Entstehung des Krieges hinaus über die Rolle Russlands in der zukünftigen Welt nachdenken nicht in der Weise, dass wir darüber zu befinden hätten, sondern eher hinsichtlich unserer Bereitschaft, Frieden in ein praktisches und realisierbares Konzept einfließen zu lassen. Es geht dabei um den Beitrag, den wir zur Entstehung des Friedens leisten können. Dabei sollte bedacht werden, dass Friede nicht gleichbedeutend ist mit der Abwesenheit von Krieg. Frieden bedarf mehr als das Nein-Sagen zum Krieg, als laute, verneinende Demonstrationen. Frieden und Liebe sind hinsichtlich ihrer Bedeutung sehr ähnliche Begriffe. Beide betonen nicht das passive, sondern das produktive Element in der wechselseitigen Beziehung zwischen zwei Parteien, Vertrauen fördernd, Respekt und Glaubwürdigkeit vermittelnd, Achtsamkeit praktizierend. Liebe und Friede sind keine Kräfte, mit denen man etwas erzwingen könnte. Beide Begriffe setzen eine Bereitschaft voraus. Es ist die Diplomatie, die versucht auszuloten, wann mit einer Bereitschaft zu rechnen ist. Russland verneint zurzeit jede Bereitschaft; die Ukraine, als die leidtragende Seite, hat, nachdem sie überfallen wurde und ihre Existenz auf dem Spiel steht, ihrerseits die Bedingungen für mögliche Friedensgespräche festzulegen. Es steht nicht an, sie in irgendeiner Weise zu bevormunden. Die Altbundeskanzlerin Angela Merkel betont in einem Interview, es sei richtig gewesen, die Verständigung mit Moskau gesucht zu haben. „Diplomatie ist ja nicht, wenn sie nicht gelingt, falsch gewesen", sagt sie. Doch beinhaltet dieser Satz keine zufriedenstellende Erklärung, denn immerhin sollte man sich darüber Gedanken machen, warum die Diplomatie nicht gelungen ist.

Die bisherige Geschichte der Europäischen Union hat anschaulich demonstriert, was der Wille und die Bereitschaft zum Frieden bewirken kann. Der europäische Bürger lebt in einem Raum ohne Grenzen, in einem Raum gesicherter Rechte und verbriefter Freiheit und Freizügigkeit. Im Mittelpunkt stehen die Würdigung der Persönlichkeitsrechte, der solidarische Gedanke und der Wille zur friedlichen Koexistenz. Das alles war möglich geworden nach Jahrhunderten hegemonialer Bestrebungen und kriegerischer Auseinandersetzungen und den menschlichen Abgründen von zwei Weltkriegen. Der Europäische Gedanke könnte und sollte beispielgebendes Vorbild und Leitgedanke für jedes Ansinnen menschlichen Zusammenlebens sein und die Bürger im europäischen Raum hätten allen Grund, sich dieser privilegierten Sonderstellung in einer so atemlosen und konfliktreichen Welt bewusst zu sein. Dabei geht es nicht nur darum, dass diese Werte geschätzt werden, sondern dass es nottut, diese Werte zu erhalten und sie notfalls zu verteidigen. Die Einsicht, dass man die demokratischen Werte zu verteidigen bereit sein müsse, zieht sich wie ein roter Faden durch viele Sonntagsreden. In seiner Würdigung der Revolution von 1848, überschrieben mit „Das Licht in der Dunkelheit" spricht Carsten Knop von einer demokratischen Perspektive, die es zu verteidigen gilt, in jeder Zeit aufs Neue. Zu dem großen Erfolg des europäischen Gedankens gehört der Frieden, der uns Europäern fast schon selbstverständlich vorkommt. Frieden ist aber kein passiver Zustand, sondern ein aktiv zu gestaltender Prozess, der innerhalb einer Gemeinschaft von jedem seinen Beitrag erfordert. Dazu gehört, dass die Persönlichkeitsrechte von jedem respektiert werden, dass jede Form von Diskriminierung unterbleibt, dass Gerechtigkeit praktiziert und Achtsamkeit gelebt wird. Wichtig ist auch, dass in klaren und eindeutigen moralischen Kategorien gedacht und gehandelt wird, besonders in einer Zeit, in der die Grenzen zwischen Wahrheit, Täuschung und Lüge immer unschärfer werden. Wahrheit hat viel mit Respekt zu tun, während in der Lüge Ablehnung und Verachtung zum Ausdruck kommen. Die Klarheit und Eindeutigkeit moralischer Kategorien von „gut" und „böse", von Wahrheit und Lüge, von Recht und Unrecht ist schon deshalb so wichtig, weil eine Gesellschaft den Zusammenhalt verliert, wenn Meinungen und Überzeugungen bereits als Wahrheiten gehandelt werden. Dass es in der

Bundesrepublik Deutschland eine Vielzahl unterschiedlicher Einschätzungen und Meinungen zur Aggression Russlands gibt, ist nicht nur bekannt, sondern auch des Nachdenkens wert. Dazu ein Satz von Erich Fromm: „Ein Mensch, der im Bösen nicht mehr das Böse erkennt, ist krank". Es macht betroffen, wenn mit Bündelung aller Anstrengungen entlastende Argumente für den blindwütigen Aggressor und den vollzogenen Völkerrechtsbruch formuliert und möglicherweise noch die Schuld beim Leidtragenden der Ukraine gesucht werden. Da ist etwa ein Reiner Braun, Geschäftsführer des Internationalen Friedensbüros, der Vorträge hält und Kongresse organisiert und dabei die Meinung vertritt, die Ukraine wolle den Krieg, damit sie Geld bekommt (SZ vom 29./30. April 2023). Da ist etwa Gregor Gysi, der in Interviews durchaus den Angriffskrieg Russlands als Völkerrechtsbruch verurteilt aber immer wiederholt, die NATO hätte ja auch viele Fehler gemacht. Die betonte Beiläufigkeit dieser Bemerkung ist allerdings geeignet, ihr ein besonderes Gewicht zu verschaffen. Solche Vergleiche sind zwar inhaltlich korrekt doch moralisch sind sie verwerflich, weil sich Schuld nicht aufrechnen lässt. Die Schuld vieler Priester in der Katholischen Kirche ist kein Argument gegen den Glauben an sich. In der großen Ungereimtheit innerhalb des Kollektivs der Putin-Versteher kann Sahra Wagenknecht als Beispiel für viele andere gelten, die zwar unentwegt mit ihrem Profil Werbung machen, bei denen es aber in erster Linie darum gehen sollte, die eigenen Probleme zu lösen. Unabhängig von den vielen unterschiedlichen Meinungen ist jedoch von einem Grundsatz auszugehen: Wer keine klare Vorstellung hat vom Krieg, der wird auch keine vom Frieden haben können. Umgekehrt gilt auch, dass, wer keine klare Vorstellung hat vom Frieden, der weiß nicht, was Krieg ist.

Man könnte durchaus die Meinung vertreten, dass die Europäische Union auf einem guten Weg ist hinsichtlich der Realisierung einer von Robert Schuman 1950 in einer Erklärung niedergelegten Idee von einem gemeinsamen Europa. Führt man sich den einleitenden Satz dieser Erklärung vor Augen, dann wird man nachdenklich angesichts des aktuellen von Russland geführten Krieges gegen die Ukraine. „Der Friede der Welt kann nicht gewahrt werden ohne schöpferische Anstrengungen, die der Größe der Bedrohung entsprechen." Die schöpferischen Anstrengungen gelten der Idee, die Menschenrechte zu einem nicht verhandelbaren Gut zu machen als Kern jeder demokratischen Grundordnung. Nach diesem einleitenden Satz stellen sich zwei Fragen:

1. Sind wir uns der Besonderheit dieser demokratischen Werte und der mit ihnen verbundenen Menschenrechte wirklich bewusst? Es ist die Frage nach der Wertschätzung dieser Werte mit allen sich daraus ergebenden Konsequenzen.

2. Sind wir uns der Größe der Bedrohung bewusst? Dabei geht es nicht um die atomare Apokalypse, die als psychologische Waffe vom Kreml propagandistisch missbraucht wird, sondern um die existenzielle Gefährdung der Demokratie durch eine zu befürchtende Globalisierung der autokratischen Umtriebe und Anmaßungen. Europa ist nicht nur eine Chance für eine Kultur der Würde und der Freiheit; Europa hat nicht weniger die Aufgabe, Stärke zu zeigen und stark zu sein im Bewusstsein der Freiheit. Der gemeinsame Wille zu dieser Aufgabe ist bedauerlicherweise nicht allgemein erkennbar. Dieser Krieg führt allen Freiheitsliebenden und allen, die sich der Würde des Menschen verpflichtet wissen, die unmittelbare Bedrohung vor Augen, von der in der Schuman-Erklärung von 1950 die Rede ist.

Wie sieht nun die andere Seite aus, die Seite, die in Militärparaden ihr Machtpotential demonstriert wobei auch hier von einer existenziellen Bedrohung die Rede ist, der mit Stärke und äußerstem Zusammenhalt zu begegnen sei, so Putin. Es ist der Westen, die NATO, der europäische Gedanke, die mit der Fahne der Freiheit immer näher an die Grenzen des imperialen Machtanspruchs heranrücken. Dass dies keine einseitige Interpretation der neueren Geschichte ist, belegen die politischen Entscheidungen Finnlands und Schwedens. Beide Länder suchen den Schutz angesichts der sich unmittelbar vor ihren Türen vollziehenden Aggression.

Kann auch Freiheit eine Bedrohung sein? Mit Entschiedenheit demjenigen, der seine Macht nicht an die Freiheit, nicht an das Volk, nicht an die Menschen verlieren will! Jedem, der seine Macht anzweifelt, nimmt Putin die Freiheit, weil ihm die Freiheit gerade dieser Gegner gefährlich werden kann. Lieber schickt er sie in den Tod, als dass er sich dieser Gefahr aussetzt. So sieht der Zusammenhalt aus, der in staatstragender Rede über die Köpfe hinweg beschworen wird.

Entfernt man sich von den Metropolen Russlands und fährt durch die unendlichen Weiten dieses russischen Reiches, dann gewinnt man mehr und mehr einen Eindruck von diesem großartigen, von diesem geschundenen Land. Von großer Wärme und Herzlichkeit die Menschen, immer ein wenig gebückt und schweigsam. Der Dichter und Schriftsteller Anton Pawlowitsch Tschechow charakterisiert die Russen so: „Das russische Leben stellt eine ununterbrochene Folge von Glaubensakten und von Stürmen der Begeisterung für irgend etwas dar ... Wenn aber der russische Mensch nicht an Gott glaubt, so bedeutet dies nur, dass er an etwas anderes glaubt." Nicht zu unrecht wird man dahinter eine gute Portion Fatalismus vermuten können. Wann hätte der russische Mensch Freiheit erproben, wann die Freiräume ausloten können? Nicht im Russland der Zaren, nicht in den Zeiten der Demütigungen während der kommunistischen Diktatur; immer wieder gab es in der

Geschichte kurze Augenblicke aufkeimender Hoffnung, etwa 1861, als die Leibeigenschaft abgeschafft wurde oder nach dem Ende der Sowjetunion 1991, doch jetzt ist sie wieder da: Die ständige Angst, der Freiheit beraubt zu werden. Ein Zerrbild der Wirklichkeit, das sich immer wieder eignet, missbraucht zu werden für Täuschung und Lüge. Während sich der Imperator in seiner Macht durch die Freiheit bedroht fühlt, droht er anderen mit Freiheitsentzug zum Erhalt seiner Macht. Putin hat es in der Schule des Geheimdienstes gelernt, jede innere Regung von seinem Gesicht fernzuhalten; scheinbar gefühllos und ohne erkennbare Anteilnahme verfolgt er die Vorgänge in der Außenwelt als gehöre sie nicht zu ihm. Für ihn war Realität stets das Objekt, an dem er zu arbeiten, das er zu beeinflussen hatte, wo es Gründe gab, zu intervenieren, sich einzumischen, zu täuschen, zu verändern oder zu destabilisieren und das alles ohne erkannt zu werden, quasi im Schatten der Realität. Im Rücken spürte er verlässlich und unbezwingbar die Stärke des kommunistischen Machtapparates der UdSSR. So fühlte er Stärke, ohne selbst stark sein zu müssen; er lernte, Großes zu bewegen, ohne selbst groß zu sein. Im Auftrag des Staates lernte er das Täuschen, das Lügen und Töten, ohne es verantworten zu müssen; es ging allein und ausschließlich um den Erfolg. In jahrelanger „Untergrundtätigkeit" entstand ein sehr eigenes Profil von Eigenschaften und Fähigkeiten, das in der Machtfülle präsidialer Alleinherrschaft völlig außer Kontrolle geriet. Insgeheim fürchtet er nur eines: Die Freiheit. So täuscht er sein Volk und er täuscht sich mit Behauptungen, der Westen, und vor allem die USA wolle Russland zerstören und sich auf diesem Weg die Vormachtstellung in der Welt sichern. Der Aggressor versucht, sein Handeln durch den Fingerzeig nach draußen zu rechtfertigen. Zu dieser Methode gehört es, Hass und Misstrauen zu säen. Die Maschinerie des Hasses betreibt er mit allen Mitteln der Propaganda, der Täuschung und der Lüge!

In den langen Jahren seiner Regierungszeit baute er seine Macht konsequent aus auf Kosten vieler, anstehender sozialer Dringlichkeiten, die von der Bevölkerung immer schmerzlicher wahrgenommen wurden. Er widmete sich dem Militär und der Militärtechnik; beides trieb seine Gedanken in den Rausch der Machtbesessenheit. Immer wieder fühlte er sich erinnert an die Zeit der großen Machtfülle, des großen Sowjetreiches und immer wieder erlebte er den Zerfall wie eine persönliche Niederlage. Immer mehr reifte in ihm der Gedanke, dass er es sei, den die Vorsehung bestimmt habe, das Imperium in seiner ursprünglichen Größe wiederherzustellen Es gab eine Zeit, in der er sich intensiv mit der Geschichte Russlands beschäftigte, immerhin mussten sich doch in ihrem impulsiven und wechselhaften Werdegang Hinweise und Anregungen finden lassen für einen Weg nach vorn in eine neue Zeit russischer Größe mit unbestreitbarer

Weltgeltung. Bei seinen historischen Studien stieß er auf den russischen Historiker Michail Pogodin, der in der ersten Hälfte des 19. Jahrhunderts die russische Geschichtsschreibung wesentlich beeinflusste. Er las bei ihm den Satz: „Wir können vom Westen nichts anderes erwarten als blinden Hass und Böswilligkeit". In Putins Kopf fügten sich die Dinge zu einem großen Verstehen, während er las, verstand er alles so, wie er es verstehen wollte. Was er nicht verstand, rückte er zurecht bis ein Bild nach seinen Vorstellungen entstand. *Corriger la fortune*, das war die geistige Haltung für seine Weltsicht. So bereitete ihm auch das sehr komplexe kulturanalytische Werk von Oswald Spengler „Der Untergang des Abendlandes" mit dem er sich ausführlich beschäftigte, keine großen Probleme; viel eher war es geeignet, sein ohnehin bestehendes Urteil über die Dekadenz, die Verweichlichung und die Schwäche des Westens zu bestätigen und ihn in seinen innersten Wünschen und Hoffnungen zu bestärken. In Zeiten monopolisierter Macht mag man es als Vorteil sehen, die Dinge nach eigenen Vorstellungen lenken und leiten zu können, nachteilig kann es jedoch in solchen Situationen sein, die Wirklichkeit nicht mehr so wahrzunehmen, wie sie ist, sondern wie man sie gerne hätte. So wird man getäuscht und man lässt sich täuschen.

Lange vor dem 24. Februar war der militärische Aufmarsch an den Staatsgrenzen der Ukraine für alle Welt sichtbar: Lange Kolonnen von Panzern und schwerem militärischem Gerät. Putin wartete; was wird der Westen tun? Der Westen wartete; wird Putin es tun? Putin zeigte dem Westen in karikativer Deutlichkeit, was er von diplomatischen Bemühungen hält, indem er Tische wählte, die jedes Gespräch verunmöglichen. Während Putin gewillt war, zu handeln, übte sich der Westen in wortgewaltigen Drohungen. Mit einem konkreten Handeln brauchte der Kreml nicht zu rechnen, spätestens seit der Krimannexion wusste er das. Der frühere Präsident Dmitrij Medwedjew formulierte das so: „Seit dem russisch-georgischen Krieg 2008 wisse man, dass der Westen in solchen Fällen zuerst viel Lärm mache, dann aber von selbst wieder angelaufen komme und mit Russland reden wolle" (FAZ 16.5.2023). Nach der Vorstellung Putins würde die anstehende Operation in der Ukraine ohnehin nur wenige Tage dauern: Bis Kiew vordringen und die Regierung auswechseln, eine kurze Spezialoperation also. Sätze im Konjunktiv sind wenig konstruktiv, die Frage „Was wäre, wenn?" bleibt in aller Regel unbeantwortet. Was später zu zeigen sein wird, sind aber in diesem Fall derartige Überlegungen nicht von der Hand zu weisen. Erst aber der Reihe nach: Am 24. Februar 2022 gab Putin den Befehl zum Einmarsch in die Ukraine. Die Gemüter im Westen erstarrten angesichts eines Vorganges, den man im friedliebenden Europa für nicht möglich gehalten hat: Ein Bruch aller Abmachungen, aller Verträge, aller sicher geglaubten Zusagen Es ist Krieg;

der Bundeskanzler spricht von einer Zeitenwende, ein Begriff, der einen Bruch markiert zwischen einem Davor und einem Danach. Wie aber sollte der Westen den Vertragsbruch beantworten und, wie ist dieser Krieg zu bewerten? In der langen Zeit des fortdauernden, erbarmungslosen Kriegsgeschehens wird diese elementare Konfrontation zwischen menschenverachtender Diktatur und der Freiheit auf dem Boden zugesicherter Menschenrechte mit immer größerer Entschiedenheit geführt. Mit ganzer Überzeugung stellte der Bundeskanzler fest, dass Putin den Krieg nicht gewinnen dürfe. „Die Menschen in der Ukraine verteidigen unsere demokratischen Rechte!" Lange Zeit glaubt der Westen, die deutsche Regierung, der Kanzler, dass es mit dieser Feststellung getan sei, dass wir mit dieser Erkenntnis bereits unseren Beitrag geleistet hätten. „Wir stehen fest an ihrer Seite!" In der Ukraine sterben die Menschen und fallen die Soldaten; wir aber stehen fest …! Es dauert bis der Westen, vor allem der Bundeskanzler einsieht, dass militärische Unterstützung erforderlich ist. Im Laufe der Zeit wird die Hilfe konkreter und umfangreicher, wenn sie auch schließlich mit starker Verzögerung in der Ukraine eintrifft. Doch einige grundsätzliche Fragen bleiben ungeklärt. Der beschwörende Satz, der immer wieder in Grundsatzreden auftaucht, Russland dürfe den Krieg nicht gewinnen, mag geeignet sein, manche Gemüter zu beruhigen, doch nicht Wenige fragen sich: „Und dann?" „Wie soll das aussehen?" Dabei gibt es noch andere Formulierungen, die mit beschwörendem Nachdruck vorgetragen werden: „Wir dürfen nicht Kriegspartei werden!" Mit gleicher Überzeugung betonen wir bei jeder Gelegenheit: „Die Menschen in der Ukraine sind dabei, unsere demokratischen Werte zu verteidigen." Wir liefern Waffen; wir dürfen die Ukrainer ja nicht im Stich lassen und Putin darf den Krieg ja nicht gewinnen, doch Kriegspartei, nein! („Wir müssen bereit sein, unsere Werte zu jeder Zeit neu zu verteidigen!"). Wir stellen fest, dass der Krieg in der Ukraine nichts anderes ist als ein grundsätzlicher Konflikt zwischen Autokratie und Demokratie, doch wir lehnen es ab Kriegspartei zu werden. Ein Mann steht auf und verletzt die Frieden generierenden Spielregeln nicht nur Europas sondern der Welt (Charta der Vereinten Nationen) in derart eklatanter Weise und während der Westen immer wieder betont, es ginge um die Freiheit, um die demokratischen Rechte, bleiben wir bei der Feststellung, nicht Kriegspartei werden zu dürfen. Mantra-artig wird betont, dass wir bereit sein müssten, unsere Freiheit zu verteidigen, so auch der Bundespräsident in der Frankfurter Paulskirche. Wir sehen, wie die Menschen in der Ukraine sterben. Wir aber dürfen nicht Kriegspartei werden. Bei den Waffenlieferungen haben wir ein Augenmerk auf ihre Reichweite; sie dürfen russisches Territorium nicht erreichen. Doch Russland darf den Krieg nicht gewinnen! Nicht nur, dass der

Westen keine klare Strategie verfolgt, seine Überzeugungen, die wie eine Strategie aussehen sollen, sind inhaltlich nicht stimmig; ein Riss der Unglaubwürdigkeit zieht sich durch die vorgetragenen, hehren Bekundungen.

Mit gleicher Entschiedenheit warnen Regierungsmitglieder vor einer möglichen Eskalation des Krieges, stets mit einem Ohr am Kreml: Was wird Putin tun? Was haben wir zu befürchten? Wird er eskalieren? Bezeichnenderweise war es nicht Putin, der als erster das Unwort „Atom" ins Gespräch brachte; es war der Bundeskanzler, der vor einem Atomkrieg warnte. „Wir dürfen Putin keinen Grund zur Eskalation geben". Anstelle der Bereitschaft, die Freiheit zu verteidigen, erleben wir eine von Angst getriebene Politik. Muss nicht der hohe Wert der Freiheit Anlass und Grund für ein eigenständiges Agieren sein? In solch existenziellen Fragen darf Politik doch nicht verharren in ängstlicher und zögerlicher Passivität. Ist Angst ein guter Ratgeber? Bewirkt Angst nicht gerade das, was durch ein entschiedenes und entschlossenes Agieren vermieden werden soll, nämlich die Unfreiheit?

Kommen wir nun zurück zum Konjunktiv, zu der müßigen Frage „Was wäre, wenn?" Wochenlang und für alle Welt sichtbar standen die russischen Panzer in abwartender Position an den Grenzen der Ukraine. Besonders vor dem Hintergrund der Äußerungen des früheren Präsidenten Dmitrij Medwedjew ist es nicht nur erlaubt, vielleicht sogar geboten, die Frage zu stellen, was wäre, wenn der Westen in diesen Tagen eine Vielzahl von Panzern in Richtung Ukraine in Gang gesetzt und klar gemacht hätte, dass er mit großer Entschiedenheit bereit wäre, nicht nur die Ukraine, sondern den Frieden in Europa und nicht zuletzt das Völkerrecht zu verteidigen. Mit großer Wahrscheinlichkeit wäre es zu diesem Krieg nicht gekommen. Wir müssen nicht nur bereit sein, die Freiheit zu verteidigen, vielmehr müssen wir uns auf unsere Stärke besinnen; dabei geht es nicht in erster Linie um die militärische Macht, sondern um die Kraft, die dahintersteht: Der Wille zur Freiheit! Was steht denn auf der anderen Seite: Unfreiheit, Lüge, Täuschung, eine teuflische Demagogie, Hass! Wir müssen uns entscheiden! Der Mutlose und Unentschlossene wird keinen Erfolg haben. Wir müssen aufhören, Ängstlichkeit mit Besonnenheit zu verwechseln. Ganz offensichtlich fehlt es uns an dem Mut zur Freiheit und ganz offensichtlich auch an dem Mut zur Wahrheit!

Was wir erleben, ist ein grausamer Krieg! Aber ist das wirklich ein Krieg? Kaum ein Schuss, kaum irgendwelche Aktionen, kein menschliches Leid auf russischem Boden! In der Ukraine dagegen ist Krieg: Tausende zivile Opfer, zerstörte Städte, zerstörtes Leben! Schmerzen, Qualen, Leid, Tod und in jeder Nacht die Angst vor tödlichen Angriffen.

Nun wird von einigen Drohnen berichtet, die Moskau attackiert hätten; von zwei Verletzten ist die

Rede. Dass der Kreml in hohem Maße irritiert, vielleicht gar verunsichert ist, kann man nachvollziehen, dass er aber propagandistisch die Wahrheit auf den Kopf stellt, darf nicht die von ihm beabsichtigte Wirkung erzielen; dafür sind wir verantwortlich. Nicht die Ukrainer sind die Terroristen. Es ist nicht der Westen, der gegen Russland Krieg führt; es sind nicht die USA, die mit Hilfe der Ukraine versuchen, Russland in die Knie zu zwingen. Wiederum ist es Dmitrij Medwedjew, der sich einer klaren Sprache bedient, danach kann es erst Frieden geben, wenn der größere Teil der Ukraine zu Russland gehört. Es ist wohl so, dass man nur das hört, was man hören will, und nach Gründen sucht, die dasjenige zu bestätigen scheinen, was man glauben und bestätigt haben will. Gerade in der heutigen Zeit der unkontrollierten Informationsfülle ist es notwendig zu erkennen, dass das Hören die Aufgabe und die Verantwortung der Wahrheitssuche beinhaltet. Die USA und die NATO greifen Russland nicht an; in Wahrheit verteidigen sie das russische Territorium, indem sie nur Waffen mit begrenzter Reichweite zur Verteidigung der Ukraine liefern, die ausdrücklich nicht im Stande sind, russisches Gebiet zu erreichen. In autoritären Staaten ist der Zugang zur Wahrheit erschwert oder verunmöglicht; Freiheit beinhaltet nicht zuletzt die Pflicht, die Freiheit zu nutzen und sich auf die Suche nach der Wahrheit zu machen.

Perspektiven

Niemand kann der Zukunft irgendwelche konkreten Inhalte abringen. Jeder Gedanke in diese Richtung bleibt spekulativ. Dennoch ist es gefährlich, völlig gedankenlos in die Zukunft unterwegs zu sein und unvorbereitet auf Situationen zu treffen, die man nach nüchterner Abwägung der Tatbestände schon früher hätte erkennen können. Nicht immer ist es plausibel und zweckdienlich sich auf schicksalhafte Entwicklungen und nicht vorhersehbare Veränderungen zu berufen. Entscheidend für eine richtige Bewertung möglicher Entwicklungen ist die realistische Einschätzung und die Kenntnisnahme der gegebenen Fakten. Wenig hilfreich ist es, sich auf wünschbare Voraussetzungen zu beziehen und sich eine Zukunft zurecht zu träumen.

Niemand kann sagen, wie es weiter geht. Leichter ist es, zu sagen, was auf dem Spiel steht. Die Fortsetzung des Krieges bedeutet zunächst einmal für die Ukraine die Fortsetzung von Zerstörung, Leid und Tod. Was das Territorium der Ukraine angeht, ist der Ausgang offen; die Absichtserklärungen des Westens sind kein verlässlicher Garant für den weiteren Bestand. Am Anfang jeder perspektivischen Mutmaßung steht die unvoreingenommene Sicht auf die Realität mit all ihren Möglichkeiten der Entwicklung. Derzeit ist keine andere Schlussfolgerung möglich als die, dass nichts entschieden ist. Unabhängig von der weiteren Entwicklung des Krieges lässt sich schon jetzt sagen, dass das Ausmaß der menschlichen Opfer und der urbanen Zerstörung in der Ukraine jede Vorstellung bei weitem überschreitet. Die Kriegsfolgen für das russische Volk sind im Wesentlichen die vielen getöteten Soldaten, nicht weniger aber der nicht benennbare Verlust an Kultur und an Selbstachtung. Der empfundene Selbstwert im Umfeld der virulenten Diktatur zeigt sich nur noch in der Brutalität und der Vergänglichkeit waffentechnischer Faszination und militärischer Stärke.

Während die Menschen in der Ukraine dabei sind, mit bewundernswertem Mut und klarem Bewusstsein die demokratischen Rechte zu verteidigen, stellt sich die Frage, wann die Menschen in Russland gewillt sind, sich aus dem Würgegriff der machtbesessenen Obrigkeit zu befreien. Die angstverbreitende Drohgebärde der Diktatur steht immer wieder einzelnen, aufscheinenden Leuchtzeichen des Protestes gegenüber; übertönt von einer verlogenen Propaganda und zum Schweigen gebracht von einer erbarmungslosen Polizeigewalt. Putin würde vermutlich vom Volk wiedergewählt werden so wie auch Recep Tayyip Erdoğan, denn das Volk verehrt den starken Mann. Die Deutschen hatten sich damals nicht anders verhalten. Dennoch, wenn es darum geht, den Rahmen perspektivischer Möglichkeiten abzustecken, kann nicht ausgeschlossen werden, dass kriegsverändernde Zeichen von Russland selbst ausgehen – vom Kreml oder vom Volk. Die Wahrscheinlichkeit ist sicher gering, doch sie besteht.

Was wird sein, wenn die militärischen Kräfte der Ukraine erlahmen, wenn sie trotz der Unterstützung durch den Westen in die Knie gezwungen werden und ihnen ein Diktatfrieden droht. Man kommt nicht umhin, sich mit solchen Szenarien zu befassen. Alles andere wäre planlos und naiv. Mit dem Donbas hat Russland ohnehin schon den industriell und wirtschaftlich bedeutsamsten Teil der Ukraine vereinnahmt, aber es wird weitere Teile fordern und die Ukraine zu einer Restgröße der Bedeutungslosigkeit schrumpfen lassen. Was will der Westen dagegen tun? In jeder Phase einer solchen Entwicklung wird sich der Westen fragen müssen, ob er es geschehen lässt oder ob und wie er eingreift. Wie könnte es zu einer solchen Situation kommen, in der die Ukraine vor der Übermacht Russlands kapitulieren muss, weil sie ihr nichts mehr entgegensetzen kann? Es könnte sein, dass die Allianz der unterstützenden Nationen brüchig wird, dass der Wille zur Hilfe, erlahmt, dass Europa der Kriegsprobleme überdrüssig wird und im Wunsch nach Frieden sich nicht mehr die Folgen seines Wünschens bewusst macht.

Sollte Russland, entgegen aller Beteuerungen, den Krieg gewinnen, dann wird zwangsläufig die Polarisierung zwischen Ost und West, zwischen

Russland und den USA, zwischen der Unkultur der Diktatur und der Kultur der Bewahrung der Menschenrechte, diese Auseinandersetzung wird sich verschärfen, denn aus der Sicht des erstarkten Russlands hätte es dann nichts mehr zu befürchten. Endlich könnte Putin die geopolitisch noch unsicheren Kandidaten in die Obhut Russlands nehmen. Sein geopolitisches Selbstverständnis hätte Putin auf eine neue Basis gestellt, indem er zusammen mit China uneingeschränkt Einfluss nehmen kann auf die Geschehnisse in der Welt.

Dem ungestümen Verlangen nach Frieden und dem unüberlegten Vorschlag, den derzeitigen Zustand einzufrieren, um ins Gespräch zu kommen, muss entgegengehalten werden, dass damit eine kaum bessere Situation erreicht wäre als die soeben beschriebene. Die Ukraine müsste sich mit weiteren Forderungen auseinandersetzen; der ehemalige Präsident Medwedjew hatte sich dazu klar geäußert, danach kann es erst Frieden geben, wenn der größere Teil der Ukraine zu Russland gehört. Durch vorauseilende Nachgiebigkeit kann dieser Krieg nicht zu einem Ende finden. Schon gar nicht kann dadurch eine Situation entstehen, die zu einer dauerhaften friedliche Konstellation beiträgt.

Zu jeder Zeit muss sich der Westen fragen, wie er seine wortgewaltigen Festlegungen („Russland darf den Krieg nicht gewinnen", „Wir werden so lange unterstützen, wie es notwendig ist") zur konsequenten Umsetzung bringen will und, er wird erklären müssen, wie er die Glaubwürdigkeitslücke zu schließen gewillt ist: „Die Ukrainer verteidigen auch unsere Freiheit", Wir müssen bereit sein, unsere Freiheit immer wieder aufs Neue zu verteidigen" Ob es sich dabei um mehr als eine sich wolkenartig auflösende Kulturfloskel handelt, muss irgendwann unter Beweis gestellt werden. Die Freiheit verteidigen wir nicht dadurch, dass wir glauben, auf der richtigen Seite zu stehen und auch nicht dadurch, dass wir uns selbst durch finanzielle und materielle Unterstützung entlasten und zusehen, wie diejenigen, die für uns ihr Leben riskieren, schließlich sterben. Im materialistischen Denken sind wir groß geworden, mit Geld umzugehen haben wir gelernt; offensichtlich haben wir die Vorstellung verinnerlicht, dass mit Geld alle Probleme zu lösen sind. Der Vorteil, den wir sehen, ist, dass wir außen vor bleiben, dass wir nicht wirklich tangiert werden. So kann das Schlimmste in der Welt passieren, wenn nur der eigene Wohlstand erhalten bleibt.

Nun hat der Krieg eine weitere Eskalation erfahren; der Staudamm Kachowka und das dazugehörige Wasserkraftwerk wurden zerstört. Wer die Verantwortung trägt, ist nicht erwiesen, doch unabhängig davon ist diese Apokalypse Teil des Krieges, den Russland widerrechtlich gegen die Ukraine führt. Die Völkergemeinschaft hat den russischen Krieg gegen Tschetschenien erlebt, sie hatte Gelegenheit, die inhumane Kriegsführung Russlands in

Syrien zu beobachten (einschließlich der Wagner-Gruppe), sie ist jetzt Zeitzeuge des Krieges gegen die Ukraine und sie erlebt die brutale und menschenverachtende Vorgehensweise der Wagner-Gruppe in der Zentralafrikanischen Republik. Der in London lebende ehemalige Oligarch und heutige Kritiker des Kremls Michail Chodorkowski sagte am 6.6.2023 in *Arte*: „Wenn wir früher Putin und die Wagner-Gruppe in Schach gehalten hätten, wären den Ukrainern tausende Tote erspart geblieben". Immer wieder taucht dieses konditionale „Wenn" in den Überlegungen auf, die sich mit den gebotenen Maßnahmen und dem Verhalten gegenüber Putin beschäftigen. Was muss, was kann der Westen tun? Was ist uns die Freiheit wert? Sollte Chodorkowski auch in dem Sinne Recht haben, wenn er sagt, „Der Westen hat vergessen, dass man die Freiheit auch mit der Bereitschaft zu eigenem Opfer verteidigen muss". Bisher hat sich der Westen über die Vorgehensweise Russlands zwar empört gezeigt, doch außer der mitunter bewundernswerten humanitären Hilfe, verhielt er sich zögernd und zurückhaltend. Ein militärisches Eingreifen lehnte er strikt ab, obwohl doch seine Argumentation hinsichtlich der Freiheit von recht grundsätzlicher Natur ist und war. Es ist nicht von der Hand zu weisen, dass die Konzept- und Strategielosigkeit des Westens Russland zu immer weiteren Aktionen ermutigt hat. Nie wurde vom Westen eine rote Linie markiert, nicht nach der Krim-

Annexion, nicht nach der Blockade der ukrainischen Häfen, nicht nach dem Theaterbrand in Mariupol, nicht nach Bekanntwerden der Kriegsverbrechen in Butscha und auch jetzt nicht nach der verheerenden Katastrophe des Dammbruchs. Die Markierung einer roten Linie war bei der abwartenden und unentschlossenen Haltung des Westens schon deshalb nicht möglich, weil sich der Westen jeweils selbst in Zugzwang gebracht hätte. Er wollte und durfte keine Kriegspartei werden. Genau da aber liegt seine Glaubwürdigkeitslücke; er liefert Waffen, damit andere für seine Freiheit den Kopf hinhalten. („Wir müssen bereit sein, unsere Freiheit zu verteidigen!" Der deutsche Bundespräsident in der Paulskirche). Bekenntnis oder Floskel? Freiheit, ein Bestandteil unserer Kultur! „Dies ist der Weisheit letzter Schluss – Nur der verdient sich Freiheit wie das Leben, der täglich sie erobern muss" (Faust II). Wie lange sehen wir noch zu, wie die Menschen abgeschlachtet, das Land zerstört, die Ernte vernichtet, das Land vermint wird?

Was wäre, wenn ... wenn nach der neuerlichen Eskalation die NATO klare Vorgaben machte, und zwar in der Weise: Innerhalb von 14 Tagen hat sich das russische Militär vollständig aus der Ukraine zurückzuziehen. (Die Krimfrage könnte Gegenstand späterer Verhandlungen sein). Sollte das nicht geschehen, wird die NATO mit allen ihr zur Verfügung stehenden Mitteln das russische Militär aus der Ukraine zurückdrängen. In jedem Fall bleibt dabei das russische Staatsgebiet von jeder kriegerischen Handlung verschont. Endlich würde Russland verstehen, dass die NATO kein Verein meinungs- und willenloser Zögerer ist, es würde verstehen, dass es sich mit dem Westen arrangieren muss, wie das in der langen Zeit nach der Wende möglich war. Unabhängig davon beinhaltete ein solches Vorgehen auch ein gewisses Befreiungspotential, nicht nur für die Ukraine – auch für Russland, denn das russische Volk wird die Möglichkeit haben, hinter die Kulissen einer irreführenden und die Realität leugnenden Propaganda zu blicken und sich damit neu zu orientieren. Befreiungspotential auch für die baltischen Länder, für Georgien und für Moldawien. Für die NATO wäre es ein Akt der Glaubwürdigkeit.

Schnell eilt der Zweifel; die Argumente liegen schon parat: Man wird sagen, solange die Ukraine kein Mitglied der NATO ist, kann die NATO nicht eingreifen. So die Statuten. Sie können auf zweierlei Weise dienlich sein. Dem Einen geben sie das Gefühl der Sicherheit, den Anderen bewahren sie davor, handeln zu müssen. Das Formale entlastet das Moralische. Waren es aber nicht moralische Gründe, die die NATO im Kosovo intervenieren ließ – ohne ein Mandat der UN – einzig aus humanitären Gründen?!

Wenn nun schon die Regeln sind, wie sie sind, dann wird auch eine NATO-Mitgliedschaft der Ukraine zum jetzigen Zeitpunkt formal nicht möglich sein, denn, wie die Außenministerin, Frau Annalena Baerbock, betont, kann ein Staat, der sich im Krieg befindet, nicht Mitglied der NATO werden. Um aber die Frage beantworten zu können, ob es dennoch politisch geboten ist, die Ukraine in die NATO aufzunehmen, muss man das Für und Wider sorgfältig abwägen. Die immer wieder vernehmbare Forderung nach Friedensverhandlungen übersieht, dass der Westen über die Ukraine hinweg, also gegen ihren Willen, keine Verhandlungen initiieren und schon gar nicht erzwingen kann und dass solche Verhandlungen nicht zwangsläufig den Frieden bedeuten würden. Russland hätte Zeit, sich militärisch neu zu positionieren; das Objekt der Begierde bestünde aus der Sicht Russlands unverändert weiter. Es gibt kein Argument, das dafürspräche, dass sich die Einstellung Putins ändern würde. Man sollte auch bedenken, dass Russland den Worten des Westens so lange misstrauen würde, bis dieser durch Taten eindeutige Verhältnisse herbeiführen würde. Die Wiederherstellung der Glaubwürdigkeit muss der Einstieg in jede Form angestrebter Friedensbemühungen sein. Durch Worte allein ist sie in den seltensten Fällen zu erreichen; es ist die Übereinstimmung von Wort und Tat, die dem Wort Bedeutung verschafft.

Es war Bundeskanzler Helmut Schmidt, aus den Reihen der SPD, der in klarer Überzeugung 1979 den NATO-Doppelbeschluss gegen massive Widerstände durchgesetzt hat. Eine solche Glaubwürdigkeit fehlt heute sowohl Europa als auch der Bundesrepublik. Es ist ja richtig, dass, sollte die Ukraine den Krieg verlieren, die Folgen für die europäische Zukunft, vor allem aber für die Ukraine äußerst nachteilig wären. Die Zukunft Europas hängt natürlich auch von seiner militärischen Stärke ab, nicht weniger aber vom Willen und der Glaubwürdigkeit seiner Worte. Derzeit fehlt es ihm an beidem. Es hilft ihm nicht, dass Boris Nikolajewitsch Jelzin am Ende seines Lebens feststellte: „Es war ein Fehler, einen Geheimdienstoffizier zum Präsidenten zu machen". Mit Entschiedenheit müssen wir den Absichten Putins etwas entgegenzusetzen. Es wäre fatal, wenn wir einst sagen müssten, ach hätten wir doch!

Analyse

Russland führt einen unrechtmäßigen Krieg in der Ukraine. Das russische Militär mordet und verwüstet. Die Ukraine wehrt sich mit allen verfügbaren Mitteln; sie kämpft ums Überleben. Russland hat der Ukraine das Existenzrecht abgesprochen, obwohl es zwei Mal die Unabhängigkeit und Eigenstaatlichkeit vertraglich zugesichert hat (1990 in der Charta von Paris 1994 in Budapest). Russlands imperialistisches Kriegsziel ist die Vereinnahmung des gesamten ukrainischen Staatsgebietes und die Etablierung einer gefügigen Regierung. Russland bezeichnet diesen Vorgang „die Russifizierung der Ukraine". Für die Ukraine bedeutet dies das erzwungene Ende der ukrainischen Geschichte, die Auslöschung der ukrainischen Kultur, den erneuten Beginn der Fremdherrschaft durch die Russen, es bedeutet das Ende der Freiheit.

Russland konfrontiert die Welt mit einer sehr eigenen Sichtweise. Wie eine Schablone bildet das imperiale Machtgefüge der ehemaligen UdSSR die Grundlage von Putins Geschichts- und Politikverständnis. Durch den Umstand, dass sich die Ukraine mehr und mehr demokratische Freiheiten zu eigen macht und sich in dieser Entwicklung an westlichen Werten orientiert, fühlt sich Russland in seinem autoritären Machtverständnis bedroht. Es wird deutlich, dass die Idee von der Freiheit mit dem völlig konträren geopolitischen Verständnis kollidiert, was erklärt, dass Freiheit für denjenigen, der machtpolitische Interessen verfolgt, ein beträchtliches Drohpotential in sich birgt. Von einer wohlverstandenen Freiheit geht aber kein Zwang und schon gar keine Bedrohung aus. Freiheit ist immer als ein Angebot zu verstehen; in ihr wird der Gedanke der friedlichen Koexistenz real.

Von russischer Seite wird der Gedanke der Bedrohung konkretisiert: Es ist der Westen, die NATO, es sind die USA, gleichsam als Keimzelle und Hauptakteur des imperialen Anspruchsdenkens. Es ist in der Psychologie ein durchaus geläufiger Vorgang, dass eigene Denk- und Verhaltensmuster auf andere projiziert werden, um so das eigene Fehlverhalten dem anderen anzulasten. Je länger der Krieg gegen die Ukraine dauert und je mehr die militärischen Probleme Russlands zutage treten, desto dramatischer das Szenarium der Bedrohung; es solle Russland zerstört, vernichtet, ausgelöscht werden. Die Bedrohung von außen war schon immer der beste Gehilfe bei der Bewältigung besonderer, oft unrechtmäßiger Belastungen im Inneren. Das Volk wird gefügig gemacht und auf absoluten Gehorsam eingeschworen; die Restbestände an Unwille erledigt der Sicherheitsapparat.

Der Krieg in der Ukraine ist also ein Krieg gegen die Ukraine und ein Krieg gegen die Freiheit. Weil es ein Krieg gegen die Freiheit ist, ist es auch ein

Krieg gegen unsere Freiheit, wobei aus russischer Sicht der Kampf gegen die Freiheit in erster Linie geopolitisch argumentiert wird. Im Grunde verfolgt Russland drei Kriegsziele: 1. Das Gebiet der Ukraine zu russifizieren (offen ausgesprochen), 2. Durch das Auslöschen der Ukraine die Gefahr des „Überschwappens" der Freiheit auf russisches Gebiet zu bannen (unausgesprochen), und 3. Die Großmacht Amerika zu schwächen (offen ausgesprochen). Die Punkte 1 und 2 betrachtet der Westen zurecht als Bruch des Völkerrechts und der Westen kann nicht verstehen, dass es Länder gibt, die hinsichtlich der Verurteilung Russlands zurückhaltend sind (Brasilien, Indien, Südafrika u. a.). Auch diese Länder verurteilen den Bruch des Völkerrechts, wie die Abstimmung in der UN zeigte, doch sind es vorgelagerte Interessen unterschiedlicher Art, die diese Länder zu einem jeweils eigenen Urteil kommen lassen. Hier ist es die wirtschaftliche Abhängigkeit von Russland, dort das geteilte Ansinnen gegen eine wahrgenommene Dominanz Amerikas.

Deutschland und nicht anders die Staaten der Europäischen Union sind aus einem Tiefschlaf gerissen worden. Friede und Wohlstand waren ihnen zur Gewohnheit geworden; mit großer Missbilligung blicken sie nun auf denjenigen, der die Chuzpe hat, alle Regeln und Verträge zu brechen und ein friedliches Land zu überfallen. Dieser Krieg löst eine große Empörung und eine überwältigende Hilfsbereitschaft aus. Die Sorge, dass Putin auch noch andere Länder angreifen könnte, ist groß, dass sich Putin von der Freiheit bedroht fühlt, wird allgemein geteilt, dass aber auch unsere Freiheit bedroht sein soll, wird eher unterschiedlich gesehen. Auch in Deutschland finden sich Ansätze eines Antiamerikanismus, was nicht zuletzt die Meinung zu diesem Krieg mitbeeinflusst. Der Beginn des Krieges löste den Begriff der „Zeitenwende" aus. Schnell reifte das Bewusstsein, dass das eigene Militär nicht nur eine zu vernachlässigende Mitgift aus alten Zeiten ist, sondern einen existenzerhaltenden Stellenwert besitzt, dem man Rechnung zu tragen hat. Entsprechend wurde die politische Agenda auf die vielen Folgeprobleme zugeschnitten und politische Richtgrößen formuliert: „Russland darf den Krieg nicht gewinnen!" „Die Ukraine verteidigt auch unsere Freiheit!"

Eine weitere politische Richtlinie wird bis heute konsequent eingehalten: „Sich nicht in den Krieg hineinziehen zu lassen!" „Jede Eskalation muss vermieden werden!" Parallel zu diesen eher politischen Festlegungen wird in Sonntags- und Grundsatzreden die Bedeutung der Freiheit beschworen – von der man sich im Übrigen, wenn man sich der freien Presse bedient, weltweit einen Eindruck verschaffen kann (Iran, Russland, China, Syrien, Myanmar etc.) – und im Bewusstsein dieser Beispiele betont, dass auch wir bereit sein müssten, die Freiheit zu verteidigen. Viele Leitartikel widmen sich der Kontroverse von Demokratie und Autokratie, mit der

Schlussfolgerung, dass die Demokratie in Gefahr sei. Wir sind also zu ihrer Verteidigung aufgerufen. Wir liefern Waffen und kaufen uns damit frei; es sterben andere, einzig diejenigen, die gerade ihrer Freiheit beraubt werden.

Völkerrechtlich ist es nicht nur erlaubt, sondern geboten, einem überfallenen Land zur Seite zu stehen und dem Völkerrechtsbruch (Russlands Krieg) entgegenzuwirken. Es geht dabei nicht um eine Bestrafung Russlands, sondern um die Wiederherstellung der Unabhängigkeitsrechte der Ukraine. Die Bedingungen also, unter denen Frieden möglich ist und hoffentlich möglich sein wird, müssen der Wiederherstellung der Integrität des ukrainischen Staatsgebietes und seiner Unabhängigkeit Rechnung tragen (rationaler Teil), nicht weniger aber dem Umstand, dass vor dem Hintergrund propagandistisch aufgeheizter Bedrohungsszenarien ein Konflikt zwischen einem scheinbar aggressiven Westen und einem scheinbar existenzbedrohten Russland entstanden ist (emotionaler Teil). Am 3. April 2023 erklärt Putin den Westen zur existenziellen Bedrohung Russlands.

Im Zusammenhang mit der Befriedung des „emotionalen Teils" ist es erforderlich, Russland davon zu überzeugen, dass weder Amerika noch der Westen ein Interesse an der Schwächung Russlands haben und dass der Westen uneingeschränkt der Überzeugung ist, dass für beide Seiten Kooperation förderlicher und lohnender ist als Konfrontation. Die Frage wird sein, wie man ein solches Vertrauensangebot in einer derart vergifteten Zeit transportieren soll, wie man einen Zugang gewinnen kann zu einem solch verfestigtem Machwerk aus Täuschung und Lüge.

Erinnern wir uns an den Kniefall von Willy Brandt. Ein spontaner Akt von Aufrichtigkeit und überzeugender Echtheit. Es war eine persönliche Geste von aufbrechender Wahrhaftigkeit. Diese Geste hate nichts Methodisches und ist deshalb nicht wiederholbar; das Große und Überzeugende bestand im Bekenntnis zur Menschlichkeit in hingebender Absichtslosigkeit. Diese Geste war auch nicht Ausdruck von Angst, von zögerlichem Taktieren; es war der Mut des Bekennens, so, wie es des Mutes bedarf, sich für Großes einzusetzen, wie etwa der Freiheit. Wir leben in einer Zeit, in der die Freiheit bedroht ist. Es muss gelingen, auch den emotionalen Teil des Konfliktes zu befrieden. Es muss gelingen, der Macht des bösen Redens, der Täuschung und der Lüge entgegenzutreten und wieder eine Brücke zu bauen zum Verbindenden und zur Verlässlichkeit der Wahrheit. Das geht aber nur, wenn wir selbst ohne Angst sind, wenn wir Vertrauen haben und mutig sind in dem, was wir reden und tun.

Was also muss geschehen? Es muss Russland klar gemacht werden, dass der Westen keine militärischen Maßnahmen gegen Russland ergreifen wird. Wie und auf welchem Wege das geschieht, muss gut überlegt sein. Eine Möglichkeit, die mir vorschwebt, ist ein Besuch des amerikanischen Präsidenten in Moskau als ein Vertreter der drei Weltmächte. Unmittelbar danach ein Besuch Bidens in Peking. Die begleitenden Medienaktivitäten des Westens würden inhaltlich das vorbereiten, was im Anschluss der jeweiligen Besuche folgt: Das von der NATO ausgesprochene Ultimatum: Rückzug des russischen Militärs vom ukrainischen Staatsgebiet innerhalb von 14 Tagen. Mit eindeutigen Vorgaben und klaren Beschränkungen erfolgt militärisch endlich das, was schon längst der Glaubwürdigkeit wegen hätte geschehen müssen. Ausschließliches Ziel der NATO-Intervention ist die Zurückdrängung der Russen aus dem Staatsgebiet der Ukraine. Keine militärischen Maßnahmen auf russischem Gebiet, im Gegenteil: Alles wird getan, um russisches Gebiet zu schützen.

Jedes Zuwarten erschwert die Situation! Es sterben Menschen und mit den Menschen stirbt ein Land. So, wie die Russen mit dem Staudamm kalkuliert haben, so ist nicht auszuschließen, dass sie auch das Atomkraftwerk Saporischschja in ihre Kalkulation einbeziehen. Mit jedem Panzer, den wir der Ukraine zur Verfügung stellen, helfen wir ihr zwar militärisch, wir aber verlieren an Glaubwürdigkeit, weil wir uns am Kampf um die Freiheit nicht beteiligen. Russland darf den Krieg nicht gewinnen! Wie soll das gehen, wenn wir nicht bereit sind, die Zuschauerränge zu verlassen. Wir müssen endlich den Mut haben, zu sagen, worum es in diesem Krieg geht!

Was bedeutet es denn, wenn der Bundespräsident auffordert, wachsam zu sein und bereit, die Freiheit zu verteidigen. Was bedeutet es konkret: Freiheit verteidigen? Gewiss doch nicht, Waffen liefern, damit andere für uns sterben! Man sieht, wie leicht es ist, einen solchen Satz zu sagen, wenn man nicht konkret werden muss. In Zeiten des Kalten Krieges hatten sich nicht Wenige auf die Formel geeinigt: „Lieber rot als tot". Blickt man in den Iran oder nach China, wird man noch einmal darüber nachdenken müssen. So lange man die Freiheit hat, wird es schwerfallen, über eventuelle Risiken nachzudenken oder sich die Situation vorzustellen, in der man mit der Unfreiheit konfrontiert wird. Konkret stellt sich die Frage, ist es gerechtfertigt, sein Leben zu riskieren, wenn die Freiheit bedroht wird? Ist diese Frage überhaupt theoretisch zu beantworten? Ist es leichter, diese Frage zu beantworten, wenn man in Litauen, Georgien oder Moldawien lebt? Angenommen, Litauen würde von den Russen angegriffen. Auch deutsche NATO-Soldaten wären verpflichtet, ihr Leben zu riskieren – aus formaler, nicht aus moralischer Verpflichtung. Die Frage nach dem Wert der Freiheit wird irgendwann konkret und irgendwann wird man sich entscheiden müssen. Möge es zu einer Zeit sein, in der es noch möglich ist, Freiheit zu erhalten. In der Geschichte der NATO gab es einen Fall, der sie moralisch, nicht aus vertraglichen bzw. formalen Gründen intervenieren ließ. Es war der Balkankrieg, der Beweggrund, die Verhinderung eines Genozids. Hier wird versucht, ein Land auszulöschen, seiner Identität zu berauben mit unzähligen menschlichen Opfern und unvorstellbaren Schicksalen.

Das lange Zögern bei der militärischen Unterstützung der Ukraine, welches in Regierungs- und manchen Parteikreisen als Besonnenheit deklariert wurde, hat der russischen Seite wesentliche Vorteile verschafft, indem es Zeit hatte, seine Verteidigungslinien auszubauen und zu festigen, indem es sich strategisch neu formieren konnte und Zeit hatte, das besetzte Land zu verminen. Zeit ist ein wesentlicher Kriegsfaktor! Dies wird auch im Zusammenhang mit der Festlegung „Russland darf den Krieg nicht gewinnen" zu bedenken sein. Russland hat alle Arten der Brutalität zum Werkzeug seiner Kriegsführung gemacht. Auch dieser Gesichtspunkt muss bei allen Überlegungen eine Rolle spielen. In Übereinstimmung mit diesem politischen Statement ist zu folgern, dass neben militärischen Anstrengungen auch gewichtige begleitende Maßnahmen erforderlich sind, um schließlich Frieden zu erreichen.

Noch stehen die politischen Statements westlicher Regierungen vollmundig im Raum. „Russland darf den Krieg nicht gewinnen!" „Die Ukraine darf ihn nicht verlieren!" „Die Ukraine kämpft auch für unsere Freiheit!" Nur Putin hat bislang Realitäten geschaffen, der Westen begnügt sich bisher mit unverbindlichen Wunschbezeugungen, die jede Handlungsbereitschaft vermissen lassen. Großartige NATO-Manöver sollen den Eindruck von Kampfstärke vermitteln, wenigstens so tun, als ob. Putin weiß genau, dass das leichte Reden noch kein entschiedenes Handeln bedeutet. So kann Putin den Krieg bedenkenlos fortsetzen; vom Westen ist nichts zu befürchten, was neue Realitäten entstehen lässt.

Europa muss stärker werden im Willen und in den Möglichkeiten, Frieden zu schaffen und Freiheit zu verteidigen. Freiheit ist das höchste Gut, das dem Menschen zu leben ermöglicht. Man kann den Eindruck gewinnen, dass der Westen noch nicht verstanden hat, worum es in diesem Krieg geht. Freiheit ist Sauerstoff, Sauerstoff ist Leben: Das Leben steht auf dem Spiel! „Wir müssen bereit sein, die Freiheit zu verteidigen!"

Es wäre eine Narretei der Geschichte, wenn wir später einmal, an allen möglichen Einsichten vorbei, in vollem Bewusstsein feststellen müssten: „Ach hätten wir doch!"

Im unentschiedenen, ängstlichen Zuwarten verblasst die anfängliche Betroffenheit und geht schließlich unter in der Unmittelbarkeit alltäglicher Gewohnheiten. Das Mitgefühl mutiert in die Zurückgezogenheit der eigenen Befindlichkeiten. Es steht zu befürchten, dass die Ukraine dem andauernden Terror nicht standhalten kann und schließlich ihr Ziel nicht erreicht, wenn der Westen nicht handelt. Handeln würde bedeuten, eine klare und entschiedene Position zu beziehen und den frechen, bösen, widerrechtlichen Begehrlichkeiten Putins mutig und tapfer die Stirn zu bieten.

Ein Nachwort

Der hohe Wert der Freiheit vermochte es nicht, den Westen zum militärischen Eingreifen zu motivieren. Die Sorge, in den Krieg verwickelt zu werden, war zu jeder Zeit größer als die Angst, die Freiheit zu verlieren. Auch war die Sorge, in den Krieg verwickelt zu werden, stets größer als die Sorge, die Ukraine könnte den Krieg verlieren. Vor dem Hintergrund der stets gegenwärtigen Kriegsangst des Westens, nimmt dieser eine mögliche Niederlage der Ukraine billigend in Kauf, solange er nicht bereit ist, der russischen Aggression ein Ende zu setzen. Die hehren Vorsätze, man müsse stets bereit sein, die Freiheit zu verteidigen, waren zwar gut gemeint, doch blieben sie rhetorisches Schmückwerk. Selbst das unsägliche tägliche Leid, die Zerstörungen und die menschenverachtende Art der russischen Kriegsführung konnten den Westen nicht zum Eingreifen animieren. Er blieb Zuschauer. Allerdings darf man die umfangreiche Hilfe, humanitär, finanziell, militärisch, nicht vergessen. Der Vorgang der Hilfe wurde jedoch insofern entschärft, als es stets eine Hilfe war, ohne ein eigenes Risiko einzugehen. Es blieb bei der Überzeugung, dass die Ukrainer auch unsere Freiheit verteidigen würden. Die Zurückhaltung ist und war so konsequent, dass Deutschland nicht gegen den

Einsatz von Streubomben protestierte, obwohl auch Deutschland zu den Unterzeichnern in Oslo zählte (Völkerrechtlicher Vertrag zum Verbot des Einsatzes, der Entwicklung und Herstellung von Streubomben). Bevor der Westen also bereit ist, selbst ein Risiko einzugehen, akzeptiert er stillschweigend den Einsatz einer militärischen Waffe, die, die ukrainische Zivilbevölkerung noch über Jahre gefährdet.

Beim NATO-Gipfeltreffen in Vilnius wurde dem Wunsch der Ukraine nach Mitgliedschaft nicht entsprochen. Dem Lager der Befürworter standen im Wesentlichen die USA und Deutschland gegenüber; in der Argumentation tat man sich sichtlich schwer, schließlich einigte man sich aber auf ein „Ja-Aber" (das aber bedeutete konkret: Nicht, solange der Krieg andauert). Im Grunde geht es immer um das Gleiche: Die Risikoverteilung. Man einigte sich darauf, das Risiko bei der Ukraine zu belassen (einschließlich Streubomben).

Für den Kreml bleibt der Westen kalkulierbar. Weiß der Westen selbst, was er will? Geht es ihm nur um ein geopolitisches Gleichgewicht oder ist ihm in erster Linie an der Idee der menschlichen Würde gelegen, an Freiheit, Respekt, Toleranz und Gerechtigkeit? Immerhin, im internationalen Geschehen begreift sich der Westen als eine Wertegemeinschaft, doch hat der Westen die Kraft und den Willen, die Werte, für die er steht, glaubhaft zu vermitteln? Wie die sich gegenwärtig etablierende BRICS-Gemeinschaft erkennen lässt, entsteht bei ihren Mitgliedern das Bild von der westlichen Dominanz, der sich viele Staaten zu entziehen versuchen. Das Bild von der westlichen Dominanz entsteht nicht von ungefähr; zu häufig wird das Wertedenken von anderen Interessen überlagert, von rigiden Wirtschaftsinteressen, von Profitdenken, Bevormundung, von Ausbeutung und fortbestehenden Kolonialansprüchen. An diesem Bild müssen wir etwas ändern! Mit größerer Ernsthaftigkeit müssen wir die demokratischen Werte vertreten und wir müssen sie leben! Das heißt, dass bei allen internationalen Kontakten und wirtschaftlichen Beziehungen Respekt, Achtung, Fairness, Vertrauen und Gerechtigkeit glaubhaft vermittelt werden müssen. Wir müssen erkennbar machen, dass die Idee von den Menschenrechten vor allen geopolitischen Überlegungen rangiert und dass wir uns unterscheidbar machen von Staaten mit bloßen imperialen Bestrebungen und undurchsichtigen Machenschaften. Das Militär muss fähig und im Stande sein, die Bereiche der Freiheit gegenüber verwegenen Angreifern von außen zu verteidigen. Wer Freiheit in dieser Welt will, muss auch bereit sein, sie zu verteidigen. Wesentlich aber, er muss ein Bild von der Freiheit entstehen lassen, welches ihren Wert glaubhaft vermittelt. Man kann nicht wirtschaftlich der große Profiteur sein – oft auf

Kosten anderer – und gleichzeitig der große Verkünder von Freiheit und Gerechtigkeit. Zur Freiheit
gehört die Bereitschaft zur Solidarität und immer
auch eine Opferbereitschaft, die bereit ist, zu teilen.
Die Menschheitsgeschichte zeigt, dass die Freiheit
immer wieder aufs Neue bedroht ist und sie zeigt,
dass Gerechtigkeit in jedem Augenblick gelebt sein
will; es tut Not, bewusst zu leben!

Möge der Westen wach bleiben in der Wahrnehmung der russischen Aggression: Möge es fest
in unserem Bewusstsein verankert sein, dass in
der Ukraine täglich Menschen sterben im Kampf
um ihre Freiheit und mögen wir immer wieder
aufs Neue den Wert der Freiheit erkennen: Freiheit ist unser aller Lebensgrundlage! Man kann
diese Betrachtungen nicht zu einem einigermaßen
erträglich guten Ende führen ohne der Ukraine
eine segens- und erfolgreiche Zukunft in Freiheit
und im Verbund mit den europäischen demokratischen Staaten zu wünschen. Möge sie gestärkt aus
dem Kampf hervorgehen, den sie gegen ein System
der Unfreiheit, der Unterdrückung, der Arglist und
der Lüge führt.

Goethe – der größte Chirurg?
2000, 57 Seiten, 13 Zeichnungen, gebunden
ISBN 978-3-922777-33-5

Der mündige Patient und andere Beiträge zur Medizin
2000, 222 Seiten, gebunden
ISBN [print] 978-3-922777-32-8
ISBN [ebook] 978-3-942825-26-9

Ungelesene Briefe
2011, 310 Seiten, Halbleinen, gebunden
ISBN [print] 978-3-942825-01-6
ISBN [ebook] 978-3-942825-27-6

Gedichte und Aphorismen
2016, 153 Seiten, Hardcover mit Schutzumschlag
ISBN 978-3-942825-43-6

Lebenswirklichkeiten
2016, 389 Seiten, Hardcover mit Schutzumschlag
ISBN 978-3-942825-51-1

Von der Notwendigkeit des Widerspruchs
2018, 352 Seiten, Hardcover mit Schutzumschlag
ISBN 978-3-942825-72-6

Der Steuerprüfer
2020, 257 Seiten, Hardcover mit Schutzumschlag
ISBN 978-3-942825-86-3

»Musstest du Stein werden …«
2020, 82 Seiten, Hardcover mit Schutzumschlag
ISBN 978-3-942825-82-5

Mana
2020, 50 Seiten, Hardcover
ISBN 978-3-384-02975-1
eBook ISBN 978-3-384-02976-8

Sterbehilfe
2021, 61 Seiten, Hardcover
ISBN 978-3-942825-89-4